编委会

编委主任：张　武
主　　编：张明俊　华祖耀　周乐兵
副 主 编：曾　杨　刘墨莎　黄　英　唐婉蓉
编　　委：刘　位　雷　蕾　杨友德　陈　宇　罗丽君
学术专家：蔡　刚　文春帆　赖　斌　颜孝书
行业专家：金　虹　王　斌　高　涛　罗玉兰　杨三忠
　　　　　潘瓶子　李　婷
摄　　影：钟政勇　徐　娇　袁　伟
摄　　像：余喆铭　刘观清　王勇兵
音乐原创：胡建军
配　　音：吴婷婷
视频人物：刘莹莹　孟英建　冯维维　钟红桃

民宿服务与创业

MINSU FUWU YU CHUANGYE

主编 张明俊 华祖耀 周乐兵

四川大学出版社
SICHUAN UNIVERSITY PRESS

项目策划：王小碧
特邀编辑：谢　鋆
责任编辑：王小碧
责任校对：吕梦茜
封面设计：墨创文化
责任印制：王　炜

图书在版编目（CIP）数据

民宿服务与创业 / 张明俊，华祖耀，周乐兵主编．— 成都：四川大学出版社，2022.3（2023.9 重印）
ISBN 978-7-5690-4592-5

Ⅰ．①民… Ⅱ．①张… ②华… ③周… Ⅲ．①旅馆－服务业－经营管理－中等专业学校－教材 Ⅳ．① F719.2

中国版本图书馆 CIP 数据核字（2021）第 076797 号

书　名	民宿服务与创业
主　　编	张明俊　华祖耀　周乐兵
出　　版	四川大学出版社
地　　址	成都市一环路南一段 24 号（610065）
发　　行	四川大学出版社
书　　号	ISBN 978-7-5690-4592-5
印前制作	四川胜翔数码印务设计有限公司
印　　刷	四川盛图彩色印刷有限公司
成品尺寸	170mm×240mm
印　　张	17.75
字　　数	317 千字
版　　次	2022 年 3 月第 1 版
印　　次	2023 年 9 月第 3 次印刷
定　　价	52.00 元

版权所有　◆　侵权必究

◆ 读者邮购本书，请与本社发行科联系。
　电话：(028)85408408/(028)85401670/
　(028)86408023　邮政编码：610065
◆ 本社图书如有印装质量问题，请寄回出版社调换。
◆ 网址：http://press.scu.edu.cn

四川大学出版社
微信公众号

前言

近年来，民宿发展非常迅速。2018年7月，四川省旅游发展委员会发布《2017年度四川省旅游住宿业发展统计报告》，报告指出：全省客栈民宿集中分布在成都，占到全省总量的49.11%。2019年4月，成都市人民政府办公厅出台的《成都市人民政府办公厅关于促进民宿业健康发展的指导意见》指出，对新评的国家金宿级、银宿级民宿，分别一次性奖励30万元、20万元；对新评为的成都精品民宿、标准民宿，分别一次性奖励10万元、5万元。可见，地方政府非常重视民宿行业的发展。遗憾的是，行业虽急需相关专业服务人才，却缺乏专门的培训机构（仅有一些民间协会）和培训课程（内容多倾向于民宿建筑设计）。恰遇都江堰市职业中学高星级饭店运营与管理专业创建四川省特色示范专业（该专业开办于1993年，于2006年评为四川省重点专业），为促进专业特色发展，学校于2008年开始了民宿服务相关知识的探究。在前期积累的基础上，以都江堰市名师工作室张明俊工作室成员为核心的课题组深入市场调研，走访行业专家，提出"中职校本课程'民宿服务与创业的研究与开发'"这一课题，力图通过研究和实践，逐步积累校本课程开发经验，建构校本课程体系，形成实用性、实效性强的校本课程、课程标准、实训指导等系列丛书，并应用于专业教学实践，提升学生专业能力，培养学生创业意识及能力，服务地方经济。

一、课程开发思路

（一）凸显能力本位

课程开发以"能力本位""行业需求"为依据，以"学生职业能力提升"为目标，紧紧围绕"民宿服务与创业"主题，开展"民宿概述""民宿管家服务""民宿创业"三个模块的研究，开发出既能满足学生提升创业能力的需要，又能体现学校办学思想和办学理念，且真实可行的专业课程系列。

（二）促进学生人文精神的形成

民宿本身就承担着宣传推广当地民俗文化的社会责任，而校本课程的研发不仅仅是学科教学实践、研究过程，也是对本地特色文化的梳理开发、推广再现过程，在教学实践中促使高星级饭店运营与管理专业学生结合实例，不断挖掘、深入研究本地特色文化，以促进学生人文精神的形成。

二、课程开发意义

（一）弥补国家课程不足、促进学校发展

参照国家课程开发要求及模式，课题组从课程、课程标准及配套训练手册三个方面进行了较为系统、全面的研究和开发，形成了一门完整的中等职业学校高星级饭店运营与管理专业课程，填补了高星级饭店运营与管理专业课程教学的不足。民宿发展是我国行业热点，是都江堰市旅游规划的发展趋势，课题组深入调研，及时进行课程开发，将最新的知识融入日常教学，弥补国家课程及地方课程的不足，让师生了解行业发展的新动态、新要求，跟上行业发展节奏。

（二）拓展学生就业创业能力

抓住中职生具备自主创业的客观优势和现实需求，本课程有针对性地帮助学生或从业人员解答民宿创业与服务过程中的常见问题，强化可操作性、可推广性。

（三）积极服务于地方民宿行业

课题组通过走访旅游行业，实地考察周边民宿、案例了解行业发展动态及人才需求趋势，从行业实际需要出发，通过专家指导、行业调研、学生问卷等过程

确保课程的针对性；通过筛选、改编、整合和拓展等方法充分挖掘现有资源，立足实际，创编符合学校高星级饭店运营与管理专业学生、地方民宿创业与服务者真正需要的实用性课程教材，服务于地方经济发展。

（四）促进教师专业发展

民宿创业与经营需要一种情怀，本课程的研发、实践，可以有效促进专业教师科学素养和人文精神的发展，让师生体验作为一名民宿的创业者和服务者应具有的专业知识和专业情怀，有助于有能力、有实力的学生的个性发展，促进教师的专业成长，为民宿行业发展培养更多优秀人才。

三、本课程教材的创新点

（一）新颖性

本书最大的创新点在于：将课程开发、课题研究过程与教学实践活动紧密结合，在教学实践中紧扣行业发展节奏，不断补充、更新行业前沿动态，让学生与时俱进；同时结合自身及家庭实例进行实践探究，让学生在学习中学会创业，促进学生人文精神的形成，激发学生的学习、创业热情。

（二）亲民性

本书打破市面上常见的民宿建筑、装潢设计类书籍的常态，研究与中职学生民宿服务与创业课程相关的内容及规程，可以成为民宿行业的培训课程教材，具有更广泛的实用性，也体现了其"亲民性"。

四、本课程教材的主要内容

本书主要从民宿概述、民宿管家服务、民宿创业三个模块进行论述，让初学者能够快速了解民宿行业现状及管家服务工作的基本规程，同时为民宿初创者提供参考。

本书在都江堰市职业中学校长张武、副校长蔡刚的关心支持下，由都江堰市名师工作室张明俊工作室全体成员张明俊、华祖耀、周乐兵、曾杨、刘墨莎、黄英、唐婉蓉、刘位、雷蕾、杨友德、陈宇、罗丽君共同参与编写。编写过程中，得到课程专家四川省学术研究学科带头人文春帆，成都市旅游职业技术学院院长赖斌，成都市青羊区新文艺工作者联合会副主席颜孝书及行业专家金虹（莫干山民宿）、王斌（都江堰市江南忆庄园）、高涛（青城坐忘森林酒店）、罗玉兰（闲在·逅舍）、杨三忠（乡上品·陌见山民宿）、潘瓶子（浙江过云山居民宿）的专业指导和大力支持。同时，感谢钟政勇、徐娇（江南忆）、立秋（坐忘民宿）以及摄图网提供了大量图片；感谢在书中扫码后提供的视频中，胡建军创作了背景音乐，吴婷婷配音，刘观清、王勇兵摄像，余喆铭负责摄影指导，刘莹莹、孟英建、冯维维、钟红桃等友情出演。

本书适用于中等职业学校教学需求（建议以选修方式进入课程设置）、民宿行业员工培训或有志于自创民宿的人士自学。编写中因调研的民宿数量、类型有限，可能会有遗漏之处，敬请各位读者包涵，我们将在使用过程中不断完善。

张明俊
2020.5.11

目 录

模块一　民宿概述　/001

　项目一　民宿认知　/002

　　任务一　初识民宿　/003

　　任务二　赏析民宿类型　/012

　项目二　民宿产品认知　/021

　　任务一　认识民宿产品　/022

　　任务二　遇见"最好"民宿　/033

　项目三　走近民宿人　/044

　　任务一　近观民宿主人　/045

　　任务二　细看民宿管家　/053

模块二　民宿管家服务　/061

　项目一　售前定制服务　/062

　　任务一　受理预订，沟通细节　/063

　　任务二　确认行程，充分准备　/073

　　任务三　温馨提示，凸显关注　/079

　项目二　入住接待　/084

任务一　接待沟通，做好准备　/085

　　　任务二　接待规范，介绍特色　/090

项目三　在店服务体验　/100

　　　任务一　民宿体验，心怡之房　/101

　　　任务二　用心服务，心悦之餐　/116

　　　任务三　美娱经历，心往之所　/133

项目四　售后服务　/162

　　　任务一　温暖送别，服务周到　/163

　　　任务二　关注反馈，维护客户群　/168

模块三　民宿创业　/177

项目一　民宿创建的步骤　/178

　　　任务一　民宿的选址要求　/179

　　　任务二　民宿的调研　/186

　　　任务三　民宿调研范例赏析　/191

　　　任务四　民宿的定位　/203

　　　任务五　民宿初创期的成本预算　/213

　　　任务六　房价管理　/218

　　　任务七　民宿的装修与设计　/223

　　　任务八　民宿的开业准备　/241

项目二　民宿运营常用策略　/249

　　　任务一　民宿运营成本控制　/250

　　　任务二　民宿网络营销　/254

　　　任务三　流量提升基本方法　/261

参考文献　/271

后　　记　/273

模块一 民宿概述

民宿火了！很多有情怀的人纷纷回到乡间山下，寻找老屋开民宿，挥洒释放自己满满的情怀。从最早的"农家乐"、丽江民宿客栈，到莫干山民宿，无论是投资者还是体验者都对民宿津津乐道。民宿火热景象的背后，同时存在盲目跟风、投诉纷纭、盈亏不一等现象。究竟什么是民宿？民宿应该为客人提供什么样的产品？民宿人与酒店人有何不同？在民宿"蓬勃发展"的现实中，带着上述疑问，我们需要更多的理性思考。

本模块将完成民宿认知、民宿产品认知、走近民宿人三个项目的探究学习，初步了解和认识民宿基本知识，为下一步的学习打下基础。让我们一起走进民宿世界。

项目一　民宿认知

民宿以多元、个性化的姿态呈现在现代人面前，聊民宿、住民宿甚至开民宿成为一种时尚。也许某一天你或他会成为民宿创业者之一，那么首先我们应该深入了解民宿行业、用客观科学的态度看待民宿行业，因为这样是促进其理性、合理发展的前提。

学习目标

1. 能描述民宿的含义。
2. 能描述民宿的起源及发展。
3. 能根据民宿类型说出简单的设计思路。
4. 能准确说出民宿特点。

◎ 设置情景

小燕家住山清水秀的虹口，高中毕业后在城里一家酒店上班。她每天早出晚归，很少有时间陪伴父母。看着父母逐渐老去的身影，偌大的院子冷冷清清，她好想多陪陪他们。正好家里有好几间闲置的房间，小燕盘算着能否利用自己是酒店专业毕业的，又积累了几年酒店工作经验的优势开一家时下很火的特色民宿。可是自己对民宿一无所知，该从哪里入手呢？说干就干，小燕一头扎进民宿研究的书海里。

任务一
初识民宿

◎ 任务描述

近年来，民宿成为很多旅游者外出住宿的首选。精致的小院、装饰特别的房间、热情的主人、充满人情味的氛围、个性化的生活体验……逐渐成为人们对民宿的典型印象，吸引着众多旅游者前往体验。那究竟什么是民宿呢？探究民宿含义、民宿起源是本项任务的重点。

首先我们一起了解一下"民宿"的基本含义。

◎ 任务要求

1. 能描述民宿的含义。
2. 能描述民宿的起源。
3. 能说出我国民宿的发展现状。

一、民宿的含义

这几年民宿很火。出门旅游，总有朋友说"我们去住民宿，安逸"；打开网页，美团、携程、爱彼迎、途家、去哪儿公寓、艺龙公寓、榛果民宿等都能轻松预订民宿房间……各式各样关于民宿的信息，让人情不自禁想走进民宿世界，看看究竟何谓民宿（图1—1）。

图1—1 都江堰市虹口江南忆庄园夜景

早期的民宿大多出现在比较偏远的乡村，就是农民将自己的部分闲置房间租给游客。随着民宿的不断发展，其含义被更新为：主人利用自家住宅的空闲房间，结合本地人文特点、自然景观资源以及生态环境资源，当地农、林、渔、牧等生产活动特点，以家庭经营方式为客人提供乡野生活所需的个性化住宿场所。

随着城市民宿的出现，民宿含义得到拓展：指主人利用自家住宅空房或当地闲置资源，亲自参与接待，为旅游者提供体验当地自然、文化与生产生活方式的小型住宿设施。该概念将城镇民宅、休闲中心、乡村农舍、农庄、牧场等都归为民宿类。和早期概念相比，加入了城镇民宿；和饭店相比，在民宿中客人能更多地体验民宿主人的热情接待，更近距离地体验当地风俗民情。

《旅游民宿基本要求与评价》（LB/T065—2019）正式规定："旅游民宿（homestay inn）是指利用当地民居等相关闲置资源，经营用客房不超过4层、建筑面积不超过800平方米，主人参与接待，为游客提供体验当地自然、文化与生产生活方式的小型住宿设施。根据所处地域不同可分为城镇民宿和乡村民宿。"到目前为止，该定义是对民宿最精炼的定义，它概括、强调了民宿与旅馆或饭店的核心区别：民宿应让住客体验当地风土人情，体会主人的热情与服务，经历一段特别的生活。

二、国外民宿追根溯源

关于民宿的起源有多种说法，比较典型的有两种：一种观点认为民宿起源于英国的家庭旅馆（B&B，早餐 breakfast 和住宿 bed 的缩写）。据说早在罗马帝国统治不列颠时期，英国人就开始经营家庭旅馆，为罗马帝国官兵提供廉价的住宿场所。20世纪30年代经济大萧条时期（1929—1933），为增加收入、贴补家用，一些位于乡村的家庭腾出部分空房接待客人，这就是英国最早的民宿。但当时这样的家庭旅馆数量并不多，其规模化经营兴起于第二次世界大战结束后，当时很多外国士兵滞留英国，不能及时回到自己的祖国，同时战争损坏了大量建筑设施，为家庭旅馆的快速发展提供了客观条件。英国家庭旅馆从农村到城市迅速发展（后来蔓延至法国、美国、德国等欧美国家），逐渐形成如今的规模化民宿产业。近三十年，英国大力发展服务业、旅游业，采用民宿等级认证制度、制定各类法规规范管理、提供民宿经营管理培训咨询等措施促使民宿行业再上一个新台阶。加之民宿主人诚信、淳朴、注重细节等品质，使民宿行业从普通的乡村旅游业态发展成为区域旅游重要吸引物，成为英国人引以为傲的"国家名片"。

另一种观点认为"民宿"一词来自日语 Minshuku 的译音。早在一百多年前的明治维新时期（始于1868年），日本就出现了民宿。但真正意义上的民宿应是昭和年间，出现在白马山麓、伊豆半岛等比较偏僻的乡村中的民办旅店（1959—1960）。此时的民宿只是一个粗放的家庭旅馆，为远行的客人提供简单的食宿。主人将家里的空房整理出来，布置几个简单的榻榻米房间供客人住宿，早上为客人准备好烤鱼、纳豆、酱汤等传统料理，客人离开时主人出门相送、鞠躬告别。这样的家庭旅馆在东京、大阪、京都等繁华城市几乎没有。随着日本经济快速发展、人民逐渐富裕，户外登山、温泉体验、滑雪运动等项目备受青睐，由此滋生了大批旅游度假地，为当地居民开设、经营家庭式旅馆创造了客观市场条件。在神奈川箱根（温泉之乡）、冲绳的久米岛（浮潜旅游地）……各地的民宿如雨后春笋般发展起来。据统计，20世纪70年代，日本民宿曾达到2万余家，无论繁华都市、文化古都，还是乡野山村，民宿随处可见，成了人们外出旅游度假最喜欢的住宿地。20世纪80年代，日本泡沫经济破灭，大规模开发的度假胜地经营起来变得举步维艰。高失业率导致部分都市人常常以家庭为单位，长期留宿于廉价的农家民宿。在特殊的社会背景下，日本农业部门提出的"农业旅游"促进了日本民宿的发展。近二十年来，到日本旅游的客人越来越多（2014年突破了1000万人），尤其是春樱花、秋枫叶、古京都、富士山雪景等名胜吸引大批外国客人涌入，东京、京都、大阪等地住房紧张，于是政府鼓励民众将闲置空房做成简易民宿，并于2018年6月15日正式出台《日本民宿新法》，标志着日本民宿进入规模化、规范化发展（图1—2）。

图1—2 日本箱根温泉民宿走廊

三、我国民宿现状

近年来，民宿火遍中国大地，尤其在旅游资源丰富的地区，民宿数量更是呈几何式增长。让我们来了解几组数据。

西湖风景名胜区民宿行业协会的数据显示：2010至2015年间（截至2015年12月），西湖景区内的民宿已达165家，比2010年6月底的41家增加了3倍多；厦门民宿数量由2006年的13家扩大到2015年的1800多家；2015到2017短短两年时间，成都民宿数量从800套猛增到10000套，整整增长10倍多；2015年10月底到2016年9月底，我国大陆登记民宿客栈数量从42658家增加到48070家，不足一年时间增加了5412家；据不完全统计，截至2019年底我国大陆有一定规模的民宿总数达6万多家。

另据统计，截至2015年底民宿从业人员近100万人，2017年乡村民宿消费规模已达200亿元，2018年达到250亿元，2019年民宿消费近300亿元。虽然2020年受疫情影响民宿消费有所下降，但疫情后中国民宿消费规模将会迎来新的增长空间。[①]

上述数据可见我国民宿行业发展势头强劲，数量增长快速。什么原因让我国民宿行业开始"井喷式"发展呢？其一，随着国民经济水平不断提高，生活节奏快、压力大、环境问题等逐渐成为影响民众生活品质的因素，越来越多的人希望利用闲暇时间到郊外、景区去放松休闲，于是外出旅游成为广大民众生活中不可缺少的一部分。其二，我国旅游者逐渐成熟，人们不再满足于简单的观光旅游及千篇一律的规范化酒店住宿，越来越多的旅游者渴望追寻一种有特色、有个性、有温暖体验的旅行经历及个性化住宿体验。这种客观存在的旅游需求为民宿行业的发展提供了充足的客源市场。其三，我国不断扩张的房地产行业留下了数量丰富的存量房，需要寻求一个有效消耗闲置空房的途径，正好为民宿行业的发展储备了客观基础。其四，国家提出"乡村经济振兴"惠农政策、"大众创业、万众创新"双创机制。2013年12月《中央城镇化工作会议》提出"看得见山、望得见水、记得住乡愁"的生态建设、乡土文明战略概括了民宿产品的全部精神内核，促进民宿行业发展由缓变快，于2014至2015年间迅速兴起。

---

① 摘自 http://www.chinabgao.com/k/minsu/36001.html。

但是在民宿行业飞速发展的同时,因各地发展水平参差不齐,暴露出诸如数量过多、规模小、缺乏区域品牌、市场分布不均、类型杂乱、价格虚高或低价竞争、缺乏专业人才、服务质量不高、管理不善、市场混乱、民事纠纷不断、存在安全隐患等问题。想要从根本上解决这些问题,有赖于国家政策支持,主管部门始终如一的规范管理及高素质的民宿从业者。由此,国家出台了一系列政策,规范民宿行业的经营管理。

短短三十年时间,中国民宿走过了1.0时代(以主人情怀为主的民宿或农家乐)、2.0时代(以重设计的精品民宿为代表),正迈步走进3.0时代,更注重于品牌塑造、规模连锁、民宿村落、民宿+发展状态。我们相信中国的民宿行业一定会走向规范化、品质化、个性化、集群化、产业化发展时代。

二维码:中国民宿行业发展相关政策(部分)

◎ 任务实训

小燕了解民宿基本含义后,想要说服自己的父母支持自己开一家民宿,她该怎样向自己的父母介绍民宿呢?

活动一:介绍民宿的基本情况,并完成表1—1。

表1—1 实训评价一

实训项目	项目要求	分值	得分
内容	概念准确,其他内容详细完整	2	
	材料之间衔接紧密,符合逻辑	1	
	有自己独特、新颖的观点	2	
语言表达	普通话标准、流畅	1	
	声情并茂、有感染力	1	

续表1-1

实训项目	项目要求	分值	得分
职业素养	举止有礼、符合行规	1	
	微笑,有亲和力	1	
	穿着打扮大方得体	1	
总分		10	

活动二:为亲戚、朋友、同学介绍民宿起源故事,并完成表1-2。

表1-2 实训评价二

实训项目	项目要求	分值	得分
故事内容	具有代表性、符合客观实际	2	
	准确、完整	1	
	准备充分	1	
	精彩、有吸引力	1	
语言表达	普通话标准、流畅	1	
	声情并茂、有感染力	1	
职业素养	举止有礼、符合行规	1	
	微笑,有亲和力	1	
	穿着打扮大方得体	1	
总分		10	

◎ 课后拓展

1. 借助网络工具,深入探究我国民宿快速发展的原因。

2. 向你的朋友介绍一下民宿的基本含义。

3. 你认为民宿快速发展的同时,会给社会带来哪些困扰?

4. 参观、走访一家你喜欢的民宿，做一个PPT，与同学分享你的参观体验。

◎ 知识链接

1. 欧美民宿的不同形式。

欧美民宿源于英国的 Bed and Breakfast。因民宿旅游盛行，迅速蔓延至其他国家，促进民宿行业从原有的低度发展状态逐渐转化、发展、呈现出服务品质化、管理规范化、体验个性化的繁荣景象，创造出一种备受各地旅游者喜爱的新型旅游业态，但在不同的国家，民宿常常以不同的形式呈现：在欧洲很多国家，多以农庄式民宿（Accommodation in the Farm）出现，精明的民宿主人引导、推荐客人参与农庄活动，充分享受田园生活环境、体验农庄生活；加拿大则以假日农庄（Vacation Farm）方式吸引客人利用假期体验农庄生活；美国一般采用居家式民宿（Homestay）或青年旅舍（Youth Hostel）的居家住宿方式，房间并未精心布置、价格比较便宜。

2. 经济大萧条。

1929—1933年全球经济危机全面暴发。首先是美国股票市场疯狂暴跌，生产消费全面崩盘，后迅速蔓延到整个西方社会。美元、英镑拼命贬值，西方列国的经济损失极大、失业率暴增、工人工资天天暴跌，民众生活困顿。

3. 日本明治维新。

明治维新始于1868年，是日本明治天皇建立新政时推行的具有资本主义性质的西化与现代化改革运动。这次改革主要推崇"殖产兴业""学习欧美技术、推进工业化浪潮"，倡"文明开化"大力发展教育等。这次改革使日本成为亚洲第一个走上工业化道路的国家，逐渐跻身于世界强国之列，是日本近代历史上的重要转折点。

4. 第二次世界大战（World War II）。

第二次世界大战又称为世界反法西斯战争，时间为1939年9月1日至1945年9月2日。

本次战争范围广，先后有61个国家和地区、20亿以上的人口被卷入战争，是人类历史上规模最大、破坏性最强的世界战争。

第二次世界大战深刻影响着人类发展进程中的政治、经济、军事、外交、文化和科技等方面（尤其是军事科技），改变人类发展历史。

◎ 设置情景

通过学习，小燕对民宿含义有了基本的了解。但民宿类型太多，小燕不知道自己应该创建一家什么类型的民宿，使之既能适应自家闲置房间的地理位置、房屋结构等特点，又能彰显现有闲置房间的优势，吸引客人。所以她决定在深入了解民宿类型后，再做出决定。

任务二
赏析民宿类型

◎ 任务描述

坐在铺满红叶的小院，一杯茶，一本书，身后有别致的卧室，远眺白云悠悠……这是否就是小燕心目中的民宿？是，也不完全是。因为民宿形态各异，刚才的描述仅仅是其中一种。究竟有哪些类型的民宿呢？本节核心任务就是：了解中国民宿类型。

◎ 任务要求

1. 能描述民宿的分类标准。
2. 能描述民宿的类型。
3. 能对民宿类型进行选择和简单设计。
4. 能说出民宿的特点。

随着时代发展，国民经济不断增长，人们的消费需求不断变化，追求"全新、个性化、具有深刻体验"的绿色、健康旅游已成为中国人民的休闲方式。正是这种多样化的"旅居生活需求"，推动着飞速发展的民宿业不断创新，突破"乡村家庭旅馆"界限，呈现出"千家民宿、千种风格"的状态。那么我国究竟有哪些类型的民宿呢？国家旅游局（现为中华人民共和国文化和旅游部）2017年出台的《旅游民宿基本要求与评价》（LB/T—2019）明确指出"本标准适用于正式营业的小型旅游住宿设施，包括但不限于客栈、庄园、宅院、驿站、山庄等"。可见，"民宿"在我国是一个"泛概念"，包含了更多的小型旅游住宿设施，所以民宿类型划分应更加细致和科学。目前常见的分类方式有以下几种。

一、按所处的区域位置划分

民宿按所处的区域位置分为城镇民宿和乡村民宿两大类。

（一）城镇民宿

从位置来说，城镇民宿位于城镇中；从风格上看，城镇民宿可能以城市中的古民居的形式出现，也可以以现代建筑风格的公寓大楼的形式出现；经营方式既可以是城市居民利用自己的闲置房间以副业形式开展对外接待，也可以是以租赁形式开展专业的对外接待。

（二）乡村民宿

乡村民宿一般都位于农村，具有浓郁的乡土气息，凸显"乡村文化"。乡村民宿通常会依托附近著名的景区或当地的特色旅游资源发展，如甘孜州新都桥民宿、都江堰青城后山脚下泰安古镇中的民宿都是典型的"景区乡村民宿"。还有一种特例，也可归为乡村民宿，它们虽然位于城里或城市边缘，但建筑风格"村味十足"，类似于"城市里的乡村建筑"。

二、按投资性质划分

民宿按投资性质来分可分为私营民宿、集体民宿、国有民宿三大类。

（一）私营民宿

私营民宿是由私人投资，产权归个人所有，投资者自主经营、自主管理、自负盈亏的民宿，如小型私家民宿。位于青城山脚下的云柒民宿，是典型的私营民宿，民宿设计小巧别致，主人热情优雅，营造了一处惬意休闲之所。

（二）集体民宿

集体民宿顾名思义就是由集体共同投资、所有权共有、共担盈亏的民宿。通常有两种形式：一种是以村为单位，将村内民居建成民宿，统一经营管理。四川阿坝藏族羌族自治州黑水县奶子沟（达古冰川脚下）的羊茸哈德藏族民宿村就是典型代表，在村主任的统一组织下，村民们集体打造村落品牌形象，统一房屋建筑风格、统一经营管理，村民就是民宿服务员，风雨同舟，形成一个良好的协作集体（图1—3，图1—4）。

图1—3　羊茸哈德藏族民宿村1

图1—4　羊茸哈德藏族民宿村2

另一种则是家族、宗族共同投资，产权由家族、宗族集体共有，将族内比较有特色、有年代感的房屋做成民宿，在族内推选人员组成经营和管理团队负责日常运营，如我国南方的客家围屋民宿。

(三) 国有民宿

国有民宿是近年来在"绿水青山就是金山银山"的发展理念指导下,推进"美丽乡村和特色田园乡村"建设进程中,新出现的民宿类型。其主要由各级政府主导下的国有企业收购、投资、新建的具有一定规模的民宿,如北戴河民宿。

三、按民宿核心功能划分

民宿按核心功能进行划分,可分为单纯住宿服务型民宿和主题特色型民宿两大类。

(一) 住宿服务型民宿

这类民宿主人要是为游客提供停留住宿及简餐服务。这类民宿通常都建在景区附近,以某一景区为核心向周边辐射发展,以价格低廉、房间简洁干净、方便到达景区等特点吸引游客。例如,四川巴中光雾山镇桃园景区周围比比皆是的住宿设施,为客人驻足观景提供方便(图1—5)。每年10—11月枫叶红遍山野时,这里人头攒动、一房难求。

图1—5 四川巴中市光雾山镇桃园景区周围的民宿客栈

（二）主题特色型民宿

主题特色型民宿通常指那些充分利用并融入周边自然、人文资源，营造具有独特文化体验、主题鲜明的民宿。比如，成都市郫都区农科村的很多民宿就是充分结合当地农业园艺文化打造的农业观光民宿；都江堰市虹口乡"江南忆"（图1-6），结合虹口优质自然山水文化，打造具有江南怀旧风格的生态康养民宿，如梦如烟的意境激起淡淡乡愁，成为旅人们驻足凝望、拍照怀旧之地；还有以打造温泉养生、农业体验、工业体验等为主题的民宿。正是这种与众不同的特点，让民宿本身变成了"旅游吸引物"，成为游客心中无限向往的目的地，这也是民宿生存、发展的核心要素。

图1-6 四川都江堰市虹口乡江南忆庄园

四、按等级划分

《旅游民宿基本要求与评价》（2017版）明确指出旅游民宿分为两个等级，金宿级、银宿级。金宿级为高等级，银宿级为普通等级。等级越高表示其接待设施与服务品质越高。2019年修改后的《旅游民宿基本要求与评价》将旅游民宿由低到高划分为三星级、四星级、五星级三个档次。表1-3截取了2017版《旅游民宿基本要求与评价》中部分关于金宿级、银宿级的指标描述，可以清楚地看到：金宿级对环境与建筑、设施与服务、特色及其他三个方面的要求远远高于银宿级。2019版《旅游民宿基本要求与评价》同样在等级评价标准上做了详细说明。

表 1-3 旅游民宿等级指标要求对比

指标内容	金宿级标准（部分）	银宿级标准（部分）
环境与建筑	周围应有优质的自然生态环境，或有多处体验方便、特色鲜明的地方风物	周围应有较好的自然生态环境，或有多处方便体验的地方风物
	建筑和装修宜特色鲜明，风格突出、内外协调	建筑和装修宜内外协调、工艺良好
	宜在附近设置交通工具停放场地，方便抵达。不影响周边居民生活	宜设置交通工具停放场地，且不影响周边居民生活
设施和服务（金宿级共 13 个指标，银宿级仅 7 个指标）	客房装饰应专业设计，体现当地特色，符合基本服务要求，整体效果好	客房装饰应体现当地文化，整体效果较好
	客房宜使用高品质床垫、布草、毛巾和客用品，布草应符合 GB/T 22800 标准规定，可提供二种以上规格枕头，整体感觉舒适	客房宜提供较为舒适的床垫、布草、毛巾和客用品，布草应符合 GB/T 22800 标准规定，可提供二种以上规格枕头
特色及其他（金宿级共 7 个指标，银宿级仅 2 个指标）	设计、运营和服务宜体现地方特色和文化	可为宾客合理需求提供相应服务
	应有宾客评价较高的特色产品或服务	宜利用互联网技术宣传、营销

不论以什么标准进行划分，不管是什么类型的民宿，通常都应具备以下基本特点。

（一）经营规模较小

中华人民共和国旅游行业标准 LB/T 065—2017《旅游民宿基本要求与评价》明确规定"民宿单幢建筑客房数量应不超过 14 间（套）"，故民宿房间数量相对比较少。

（二）家庭住宿氛围浓厚

住宿是民宿的基本功能，但不是其唯一功能，宾主之间如家人般的交流互动、主人以"舒适住宿""文化个性""温暖服务"营造的家庭生活氛围是挽留和打动客人的核心。

（三）差异性地域文化的载体

民宿装修、活动设计、周边旅游等均要结合当地风物特色，让游客参与当地文化活动，获得深度互动体验后的特殊经历和美好记忆，并成为重要的吸引物。

◎ 任务实训

小燕基本确定了自己想开的民宿类型，但她首先要让父母和亲戚朋友了解、理解自己的想法，才能更好地支持她。

活动：请你帮小燕选择一种民宿，介绍其特点，并说明你选择它的原因。最后完成实训评价表（表1—4）。

表1—4　实训评价

实训项目	项目要求	分值	得分
内容	类型选择原因说明合理、动人	2	
	特点介绍详细、准确、完整	2	
	有独特、新颖的观点	2	
语言表达	普通话标准、流畅	1	
	声情并茂、有感染力	1	
职业素养	举止有礼、符合行规	1	
	微笑，有亲和力	1	
总分		10	

◎ 课后拓展

1. 请你介绍一下你的家乡有哪些类型的民宿。

2. 选择一家你喜欢的民宿,用你最擅长的方式为它做一个宣传:向客人说明它的类型、特点、你喜欢它的原因。

◎ 知识链接

民宿在中国大地迅速发展,除上述几种分类法之外,民间还有一些其他分类方法。

1. 按装饰风格及档次划分。

按装饰风格及档次可将民宿划分为普通民宿、精品民宿两类。

(1) 普通民宿,一般是指传统民宿,外观保留着房屋建筑的原有面貌,内部装饰做得很少或基本不做,将传统民居如实展示给客人,呈现出民居朴实风格及原始生活状态。

(2) 精品民宿,其重点在"精"。所谓"精"体现在四个方面:一是精心设计、打造特色,能彰显区域内自然、文化特色,使其具有吸引性;二是在精心保留原有建筑外观的基础上充分彰显其特色,提高审美性;三是按现代人的生活习惯及需求对内部空间进行精心设计,增强其舒适度;四是精心选择高档、绿色环保、色调协调的装饰材料,满足客人对健康、享受的需求。这样的精品民宿给游客带来的住宿体验绝不亚于,甚至超过高星级酒店。

2. 按建筑时间划分。

根据建筑时间可将民宿分为传统民宿和现代民宿两类。

(1) 传统民宿,传统民宿大多是利用修建时间比较久远、具有一定历史文化价值和研究价值的老式民居改造而成,是民宿中的主流,外观较多地保留了原有建筑的风貌和文化，内部改造装修较少或做适当改造。

（2）现代民宿，以新建民宿为主，建筑风格相对比较多样化，一般参照当地的建筑风格，还可以仿照其他地方的名宅、名村、名镇特色建筑，以"新""奇"增强吸引力。

项目二　　民宿产品认知

　　陶渊明在《归园田居》中描述出回归自然的怡然自得："羁鸟恋旧林,池鱼思故渊。开荒南野际,守拙归园田。方宅十余亩,草屋八九间。榆柳荫后檐,桃李罗堂前。暧暧远人村,依依墟里烟。狗吠深巷中,鸡鸣桑树颠。户庭无尘杂,虚室有余闲。久在樊笼里,复得返自然。"也许这就是现代人向往的田园生活。

学习目标

1. 能描述产品的含义。
2. 能说出民宿产品的结构及其产品组合基本方案。
3. 能说出"好"民宿的含义。
4. 能对民宿产品进行简单设计。

◎ 设置情景

电脑前,小燕在各网页中反复搜索"民宿产品",得到的答案似乎都不能让她满意。回想酒店工作中为客人提供的餐饮产品、客房产品,她苦苦思考如何把家里的一幢小楼、一个小院、一片菜地、一片果园开发成受游客喜欢的民宿产品,竭力寻找着它们与民宿产品的区别,想要尽快搞清楚民宿产品的内涵。

任务一
认识民宿产品

◎ 任务描述

"民宿产品"与酒店产品的区别在于民宿产品具有特别的"个性"。用什么方式去表现个性呢?差异化、个性化产品是表现个性最直接的载体。所以,我们首先要搞清楚民宿产品的内涵。

◎ 任务要求

1. 能描述民宿产品概念。
2. 能描述民宿产品形态。
3. 能准确说出各层次民宿产品的含义及功能。
4. 能描述民宿产品组合方案。

5. 能完成简单的民宿产品组合方案。

"民宿"是产品吗？答案是肯定的。国家旅游局已明确提出：民宿是"小型住宿设施"，在精心设计的基础上，通过科学营销、精心服务吸引消费者前来体验，以销售、盈利方式实现其价值。那么要释意民宿产品，我们首先要了解一下产品的含义。

一、产品概念

概括而言，产品是企业提供给市场、满足人们某种需求的一切物品和劳务，包括实物、服务、场所、设计、软件等。它可划分为三个层次：第一层次为核心产品，指产品为消费者提供的某种效用和利益，从而使消费者的需要得到一定的满足。比如，时装满足了人们"遮体、修饰、时尚"的需求，这是产品的核心。第二层次为形式产品，是核心产品借以实现的形式，是企业向消费者提供的产品实体和服务的外观，包括产品的品质、特点、款式、品牌等。所以，时装成为满足人们"遮体、修饰、时尚"的需求的载体。第三层次是附加产品，指顾客购买产品后得到的附加服务或利益，包括提供信贷、免费送货、安装、售后服务等，如服装的免费修补、熨烫等服务。

根据上述产品层次理论，结合民宿概念，我们可以总结有关"民宿产品"的内容。

二、民宿产品结构

民宿经营者向旅游者提供除特色住宿以外更加人性化、个性化、有温度的服务，其核心在于将经营与文化融合，为旅游者提供高差异化、高辨识度的特色服务和地域特色体验，将民宿主人独特的生活理念和生活状态传达给旅游者。虽然民宿的房型相对单一、房间数量较少，甚至有的民宿没有餐饮服务，但它往往能让旅游者体验更个性化、多元化的生活方式。由此可见，与普通商品比较，民宿产品具有明显的复杂性、综合性和文化性；与酒店相比，非标准住宿是民宿独特的气质。为更好地理解民宿产品，我们从产品的存在形态、产品的结构层次两个不同视角来细化民宿产品的基本结构。

(一) 民宿产品的存在形态

根据民宿产品的存在形态,民宿产品由有形产品和无形产品构成。

1. 有形产品。

有形产品包括空间设施及实物产品,实物以载体形式反映民宿个性与特色,本身就是旅游吸引物,既满足客人物质生活需求又满足其审美、文化甚至炫耀等心理需要。空间设施是指民宿主人体建筑、院落、房间、餐厅及其他空间等区域的设施设备;实物产品主要包括菜品、饮品、点心、纪念品等,一家成功的民宿往往与特色美食、自创甜品、特色伴手礼密切相关。例如,都江堰市江南忆庄园自己开发的"轻推"猕猴桃酒就是典型的有形产品(图1—7)。

图1—7 都江堰市江南忆庄园开发的"轻推"猕猴桃酒

2. 无形产品。

该类产品虽存在却无法触摸,需要旅游者用心去感知和理解,分为审美类产品和互动体验类产品,以抽象的心理感受和特殊的体验辨识民宿的内涵与格调。设计理念、装修风格、主题文化呈现、色彩搭配、氛围烘托等均属审美类产品,需要通过客人感官感知、思考、欣赏等方式去体会、理解民宿主人想要表达的特色、文化及审美,满足客人求知、求美、猎奇的精神追求;而宾主交流、温度服务、特色活动、旅游线路、生活体验等则是互动体验类产品，客人在产品体验过程中放松身心，深度感知民宿产品的独特魅力，从而留下深刻、美好印象。

有形产品是民宿的实物载体，无形产品为民宿之"魂"。二者相互依存，缺一不可，共同构成完整的民宿产品。

（二）民宿产品的结构层次

根据产品结构层次，民宿产品由灵魂产品、核心产品、配套产品和主题活动产品四个层次构成。

1. 灵魂产品。

民宿中的灵魂产品是指提供给市场具有独特气质和文化特色的民宿，以满足消费者体验新奇及其他审美需求，即确定民宿想要表达和呈现的核心文化主题，也就是为自己"定调"。所有的产品设计都围绕着"调性"进行，合力体现主题和特色，塑造民宿的高"辨识度"，这也是旅游者购买民宿产品的决定性"印象"因素。例如，都江堰市虹口精品民宿江南忆庄园整体定调为江南风情民宿，让旅游者无需远行就能感知浓厚的江南文化（图1—8）。

图1—8　江南忆庄园白墙黛瓦、青砖绿树，慢诉江南小院故事

2. 核心产品。

核心产品即住宿产品，这是民宿产品中最重要的部分。好的睡眠是旅游者外出时最基本的需求，也是民宿盈利的核心。房间的设计务必要关注细节，不仅要体现"非标住宿"的个性与特色以满足客人追求格调的美好向往，同时还要满足

客人对客房干净整洁、安静安全、舒适温馨的睡眠需求,让他们达到身心愉悦的双重满足。住宿产品一般会包括客房产品和特色早餐两部分(图1—9)。

图1—9　都江堰市江南忆庄园中式房间

3. 配套产品。

配套产品是指为提高民宿吸引力,提升旅游者的体验感而开发提供的除住宿以外的其他产品,如设置特色餐饮、咖啡吧、茶室等,以满足客人的各种需求。这类产品是否提供、提供几个项目一般与民宿规模、客流量、民宿地理位置等因素相匹配,同时可根据民宿资金状况及经营情况不断开发和完善(图1—10)。

图1—10　忆村院子茶室

4. 主题活动产品。

主题活动指根据民宿主人题特色，结合民宿经营者个人爱好，设计开发的具有创意的活动。根据提供产品的空间场所分为院内主题活动产品和户外旅游产品两大类。

（1）院内主题活动产品是指紧扣民宿主人题，营造开发的个性化主题活动，如专题音乐欣赏、美拍活动、观影活动、经书诵读、太极健身、冥想、茗茶品鉴、手工艺品制作等。这些主题活动能多角度满足客人体验需求，让住客在体验中领略民宿与众不同的特色，提高民宿经营个性。

（2）户外旅游产品是指民宿经营者为旅游者提供的户外旅游线路或特色旅游活动。该项产品通常由民宿经营者根据民宿周边旅游资源特色，联合相关旅游项目的经营者，一起设计、开发，组织客人参与，以提升旅游者对地域文化的体验度。例如，绿色采摘、温泉、漂流、山地徒步、土特产购买、古建筑参观等（图1—11）。

图1—11 猕猴桃采摘活动

灵魂产品呈现出民宿的文化主题，核心产品决定着民宿的总体风格，住宿产品是民宿存在的基础，配套产品则给予客人更多的方便和更深的体验，主题活动产品则是民宿特色文化和当地民俗文化体验中心，四个层次共同构成一个完整的民宿产品，其中核心产品和住宿产品是民宿必备的基础，可构成独立的民宿产品。产品的四个层次呈现的方式与民宿的核心文化、规模、类型、位置、经营风格等因素密切相关。不同的产品组合形态将会形成多样态、差异化的民宿产品。那么应该如何合理、有效地做好民宿产品组合呢？

三、民宿产品组合基本方案

都江堰市虹口乡江南忆庄园是典型的由社会投资兴建的景区精品民宿，青城山云柒民宿是私家经营的小型城镇舒适型民宿代表，而都江堰闲在·逅舍则是典型的由城市民居改造的民宿。下面我们将以三家民宿为例，分析其产品组合方案（表1—5）。

表1—5　产品组合对比分析

名称	地理位置及环境	主题风格描述	住宿产品	配套产品	主题活动	备注
江南忆庄园	位于都江堰市虹口庙坝，自然生态保护区，周围奇峰耸峙，古木参天，有众多的珍稀野生动植物，奇花异草；负氧离子高达20000个/立方厘米	中式，江南古韵，以"家"文化来贯穿整个服务	有豪华雅致且风格各异的客房，由字画为主题的报本楼、静心养身的见山精舍、温泉别苑、尊贵私家四合院组成，提供绿色养生早餐	纯自然的江南餐食，设品茗、温泉泡池、露天电影、书画展、会议室等配套设施，可组织客人户外漂流、赏花	报本堂禅修，户外徒步，果树认养，绿色采摘	景区精品度假民宿；后期开发香道、书吧、影院、公益书院
青城山云柒民宿	位于青城山镇药王大道中段，周边超市、饮食一应俱全	小隐于青城山下，可享受简约、怡然闲居的生活，带给客人家的温暖	有17间房，简约现代新中式风格，提供地方特色中式早餐	提供地方特色中餐、书吧	清晨、傍晚青城山脚下休闲漫步	景区私家民宿；后期开发棋牌、露台茶吧

续表1-5

名称	地理位置及环境	主题风格描述	住宿产品	配套产品	主题活动	备注
都江堰闲在·迨舍	位于都江堰市幸福路,在古城区繁华商业街内	具有舒适而温暖的生活空间,让客人远离闹市,归于本心	有带天井的星空房、二层错置的亲子套间、临江而居的观景房等17种房型,共35间,提供精致九宫格早餐,设有欢迎零食	欢迎零食、川味美食、特色宵夜,用心做好专业、贴心的旅游咨询	青瓦音乐会、露台风景、品茗、美拍等,新近推出了灵活多样的私人空间定制,可提供私人温泉、旅拍、求婚及婚礼等服务	城市精品民宿

二维码:闲在·迨舍产品组合

所谓民宿产品组合就是根据民宿的主题文化设计思路,将民宿产品的宽度（产品大类）、长度（所有产品项目总和）、深度（每一个产品的纵深打造）进行有效、合理的配置与组合,共同凸显民宿主人题文化,提升民宿吸引力。上述三家民宿的产品组合都共同、明确指向它们自身想要表达的主题,但表达方式又各有不同,尤其是主题活动。江南忆庄园远离闹市,为客人设计了多项主题活动以体现其"高端"和"品质";都江堰闲在·迨舍和青城山云柒民宿则充分依托城镇闹市位置,着力营造和引导主题活动氛围;前者侧重于"瓦上"场所营造,让客人身处城市之巅,自由畅想、放松自我;而后者则主要为客人提供茶余饭后的休闲导向,让客人体验饭后在景区随性漫步的闲适和自由。每一种方式都让客人有独特、愉悦的体验,故产品组合要根据民宿自身的特性进行设计和组合,并以此对客人进行分层和选择,也就是通俗意义中的市场定位。但是每一个产品都有其客观存在的生命周期,为确保其活跃的生命力,需要根据市场变化不断开拓创新,拓展产品深度和长度,形成新的产品组合,所以江南忆庄园和青城山云柒民宿在后期都积极地开发新项目。

一般而言，民宿产品组合时应遵循以下基本原则：

（1）以满足旅游者返璞归真、追求绿色、健康、自然、诗意生活的美好向往为目的；

（2）以充分利用当地自然、人文资源及区位环境优势，融入区域文化，凸显地方特色作为手段；

（3）以打造产品功能舒适性、主题活动趣味性、宾主互动体验性、温度服务为核心；

（4）综合考虑民宿自身的资金、文化特色、规模、市场竞争、市场定位等因素，因势利导是基础；

（5）产品设计符合安全、规范、协调、合规、合法等基本要求。

◎ 任务实训

小燕家现有一栋三层楼住房（约600平方米左右），有一个120平方米左右的院子，屋后有一片菜地，距离住宅300米远的山上有一块猕猴桃园（一亩左右），能筹到资金30万左右，她开始了自己的民宿产品设计。

活动：请你帮小燕做一个民宿产品组合设计方案，并说明理由（表1—6）。

1. 分小组完成产品组合方案。
2. 小组代表展示、阐述方案。

表1—6　实训评价

实训项目	项目要求	分值	得分
产品组合	核心产品设计合理、有新意	2	
	住宿产品特点鲜明、突出主题，介绍详细、准确、完整	2	
	主体活动产品设计紧扣主题、凸显地域特色，介绍详细、准确	2	
	配套产品设计紧扣主题、符合实际、合理可行，介绍详细、准确、完整，有自己独立、新颖的观点	2	
语言表达	普通话标准、流畅、有感染力	1	

续表1-6

实训项目	项目要求	分值	得分
职业素养	举止有礼、亲切、微笑始终	1	
总分		10	

◎ 课后拓展

1. 描述一下民宿产品形态及产品层次内容。

2. 选择一家你熟悉的民宿,分析其产品组合方案。

◎ 知识链接

产品组合含义

产品组合是指企业生产或经营中所有产品生产线、产品类型的组合。包括产品宽度、长度、深度和一致性四个变数。宽度是指开发经营的产品大类的数量,如住宿产品、主题活动产品、配套产品等,相当于一般意义上的产品线的数量,产品大类多,产品组合就宽;产品组合长度是指全部产品类型中具体项目的总和。各类产品大类下的项目多,如房间又可以分为大床房、双床房和亲子房,产品组合长度就长;产品组合的深度是指产品大类中每一类产品项目的类型、格局,如房间产品有大床房、双床房和亲子房,大床房又分为露台、阳台大床房和内置、外置泡池房等;产品组合的一致性是指各类产品的文化呈现、装饰布置、材质选择、用途或其他方面相互关联的程度,如各类房间、餐饮产品、特色活动等相互之间的风格、文化协调一致,共同指向民宿的核心主题文化。

产品组合中产品线越多(宽度),民宿经营的多样化程度就越高;产品项目越多(深度),民宿能适应和满足不同消费者的需求程度就越高;产品组合深,消费者的选择余地就越大。但并非产品组合越宽、越深、越长就越好,因为产品组合状况与经营成本成正比,所以经营者要做好目标市场需求研究、分析同类竞争者产品组合、找准自己的产品组合、着力打造自身产品线和产品项目特色,并适时地调整产品组合以适应市场。

◎ 设置情景

经过小燕的反复游说，父母及亲戚终于被小燕的执着与真诚打动，同意她回家创业。但是父亲的一番话让她很忐忑："下决心做一件事就一定把它做好！爸爸希望你做一家最好的、让客人喜欢的民宿，千万不能半途而废！"在巨大的压力下，小燕开始寻找、思索"什么是最好的民宿"的答案。

任务二
遇见 "最好" 民宿

◎ 任务描述

民宿素有"千家民宿千种风格"的特点，但总体而言精致、特色、格调是其外显，艺术性、文化性、独特性是其内在。那是否具备这六个特点就是最好的民宿呢？本节核心任务就是探究"好民宿"的特点。

◎ 任务要求

1. 能准确说出"好民宿"包含的要素。
2. 能描述民宿"好的硬件"项目及要求。
3. 能说出民宿"软黄金"的含义。

如果把酒店比作"豪华大餐"，农家乐看作"九大碗"，那么民宿就是一道清新、精细的"私房菜"，充满个性和温情，为游客呈现一种全新的生活方式。莫干山民宿专家金虹女士认为"好的民宿＝好的环境＋好的硬件产品＋有温度且稳定的软服务"。

一、"好的环境"是民宿"好"产品的基础

民宿环境包含外环境和内环境两部分，外环境是指民宿所在位置的外部环境，是提升民宿吸引力的客观因素；内环境则是民宿本身的主题设计、布局与装潢装饰，是形成民宿吸引力的核心因素。

（一）民宿外环境基本要求

外环境与民宿选址密切相关。为使民宿具有更强的吸引力，民宿选址往往会考虑如下因素：

（1）临近风景游憩区，便于客人观光游览，如峨眉半山院子；

（2）周边自然景色优美、空气清新、环境清静，满足现代人遁世心理、康养需求及休闲、放松需求，如青城后山坐忘森林酒店（图1—12）；

图1—12 青城坐忘森林酒店绿意盎然的院景

（3）具有浓郁民俗风情的村镇、古建筑或古村落集中地，充分满足客人"领略当地风土人情及怀旧情结"，如丽江古镇民宿；

（4）位于交通、生活方便之地，为旅游者提供旅居异地的家，满足旅游者吃住行方便的需求，如各类城市民宿。

（二）民宿内环境

内环境是民宿文化性、艺术性、独特性的整体呈现，每一个细节、每一件摆饰都是民宿主人"喜好与品味""文化与审美""情怀与梦想"的外显。

1. 空间布局基本原则。

民宿空间布局要充分体现"因地制宜、合理改造；结构新颖、创造惊喜；文化植入、熏染心身;内外呼应、融于自然;设备完善、方便客人"的原则,所以在内部空间布局时,不论室外室内都应根据院落、现有建筑结构实际情况进行精心设计、合理改造,尽可能减少人为破坏,与周边环境整体协调;同时每一个空间都应独具一格,方便客人使用,充分显现民宿主人的审美观,不断为客人创造惊喜。

2. 庭院环境氛围。

庭院是住客休闲娱乐、与自然交流的主要场地,民宿主人在设计庭院的时候既要体现当地地域特色,又要为客人提供休闲娱乐所需配套设备,同时还要融入民宿主人的人文理念,为客人提供一个暖意融融的庭院。庭院墙面、空地、道路可采用当地砾石、条石等石材装饰铺设;可结合当地自然、文化、生态环境特点,充分利用旧木材、土墙、砖瓦、石磨等当地材料,通过文化创新、设计打造庭院微景观,凸显文化特色;要选择当地不同季节、多种绿植物搭配栽种,营造一个有主题、有地方气息的绿色庭院,客人在庭院中体验和感知主人的人文思想。

3. 室内装饰。

室内装饰风格是民宿文化特色的主体体现,也是民宿主人生活理念的直接呈现,大到整体装饰小到一个摆件都应别出心裁,营造出民宿主人心中完美的家的模样,让客人一进门就能感受到强烈的个性氛围(图1—13)。

图1—13 民宿室内装饰

(1) 色彩选择至关重要。大面积颜色决定着民宿的风格基调，通常会选择两三种主要颜色搭配以避免单色沉闷，但不建议过多色彩搭配，避免造成凌乱的视觉效果。例如，利用麻灰和原木色可营造一种"清空安宁"的氛围，凸显民宿主人崇尚自然、天人合一的"随缘"主题；而客房往往采用暖色营造温暖、放松的氛围。

(2) 家具用品与装饰品的选择，这是民宿主人题呈现的核心。每一个物件都要紧紧围绕着主人想要呈现的主题文化精心选择。比如，常见的日式风格，通常就会选择榻榻米、蒲团、竹帘、瓷器等物品；而藏式民宿则会选择具有浓重色彩的地毯、唐卡、火炉、银酒器等物品来突显主题。民宿设计时常辅以民宿主人长期收集的与主题相关的工艺品，以及印有民宿独特标识的客房、餐厅用品，全方位呈现民宿自己的特色，彰显主人的审美主张。当然室内绿植装饰必不可少，或雅致盆景，或三两棵多肉，或水生植物，或一枝鲜花。随处可见的绿植与室外园林相映成趣，养眼养心，营造出舒心与宁静的氛围。

(3) 光与影是民宿氛围营造的精灵。天窗或大幅落地窗让休闲吧光照充足，冬日午后温暖阳光洒落下来，室外美景尽收眼底，三两个友人相约茶与书，怎能不让人流连忘返？饭厅里的橘色光照让美食色泽诱人；房间里柔和的暖色灯的烘托下，温馨浪漫油然而生……不同区域、不同层次、不同方式的灯光设计与运用彰显和强化着民宿魅力。

二维码：图解民宿内环境

二、"好的硬件"是民宿"好"产品的载体

针对部分民宿设施设备不全，卫生、安全不达标等问题，中华人民共和国旅游行业标准 LB/T 065—2017《旅游民宿基本要求与评价》中明确规定："旅游民

宿应提供整洁卫生、安全舒适的住宿、餐饮设施；应配备必要的消毒设备、应急照明设备或用品；应有适应所在地区气候的采暖、制冷设备，各区域通风良好；宜提供宾客休闲、交流的公共区域，布局合理；宜提供无线网络，方便使用；公共卫生间应位置合理，方便使用；设施设备完好、安全、卫生、有效，应定期检查并有维保记录。"可见民宿提供的虽然是"非标准住宿"，但"设备配套齐全、安全卫生有效"是基本要求，是做好对客服务的前提。

具体来说，一个"好的民宿"应有以下硬件设备。

（一）别致的院落

生机盎然的院子是重要的吸引物。很多客人选择民宿其实就是在选择院落，没有院落的民宿竞争力将会大大减弱。院落中要有让人停留、休憩的空间，要设置与主题相关的休闲桌椅、各类标识牌、娱乐设施、卫生间等基础设施方便客人使用（图1—14）。

图1—14 充满异域风情的院落

（二）风格各异的接待厅

因建筑格局、主题文化、经营风格等方面的差异，民宿接待厅的大小、功能各不相同，风格各异。有的民宿没有接待厅，客人通过网络完成入住手续；有的民宿接待厅很小，核心功能就是提供办理客人入住手续的场所；有的民宿接待厅却很大，集接待、会客、餐饮、聊天、休闲等功能于一体。为确保每项功能正常运行，应按功能分区进行空间设计、装饰布置和气氛营造，配置各功能区的相应设备，让客人在大厅里也能充分体验民宿主人题文化。总体而言，民宿接待厅不论大小，其装饰布置均应体现民宿主人题，同时应具备完成客人入住接待所需的相应设备。

（三）独特、舒适的房间

虽然民宿提供的是"非标准住宿"，但客房仍然是民宿产品的重要组成部分。"配套齐全、安全卫生"是对客房设备设施的基本要求；"风格独特、主题突出、安静舒适、温度服务"是对民宿的高层次要求。一般来说，民宿单幢建筑的房间数量不超过14间（套），应配备大床房、双床房和稍大的家庭房以满足各类客人的需求，同时按入住人数、民宿规格和档次配齐配足起居所需用品；"看得见山、望得见水"的房间更具吸引力，这类房间应尽量配置落地窗或阳台，让客人尽情欣赏窗外美景，提升体验感。房间卫生间形式较为灵活，以"舒适、干净、齐全、方便、特色"为主导原则，设计以淋浴为主、浴缸为辅、干湿分离、用品配套、使用方便、独具特色的盥洗空间。

（四）"家"味十足的餐厅

"家"是民宿的一大特色，三两张质朴的餐桌、具浓郁地方特色的风味菜品、轻松温馨的就餐环境、一边做着美食一边与客人聊天的主人……营造出完美的家庭聚会氛围。如果能在厨房内配备1～2个烹饪台或在房间里添置简易小厨房，供"心血来潮"的客人享受烹制美食的乐趣，就更显"家味十足"了（图1—15）。

图1—15　都江堰市江南忆·江南私厨

（五）惬意休闲吧

一间风格独特的休闲吧，能满足客人"远离喧嚣，找一席清净之地，肆意放空自己"的愿望。其表现形式根据民宿主人题而定，如雅致茶室、风雅书吧、天然氧吧、音乐吧、禅修室、诵经室、瑜伽房、书法室等，不管哪一种主题，都应配齐与之相关的所有物品。

（六）其他设备

（1）电器设备：一般而言，空调、电视、无线网络是民宿必备电器，但有的民宿会刻意省去电视或无线网络，营造"返璞归真"的生活体验。

（2）防火设备和应急照明：必备，确保客人安全。

三、"有温度的服务"是民宿"好"产品的软黄金

民宿与酒店都能满足客人的"食""住"要求，但与酒店的标准化服务相比，民宿服务不仅要为客人提供必需的"食住"功能性服务，体现周到、细致、热情、

有耐性的服务理念，更需赋予民宿人文气质，让客人从服务中体验浓郁的地方文化、民宿主人的热情友好及其独特的审美视觉。这样的服务才是温度有感情的服务，也许并不完美，但一定能带给客人温馨、美好、独特的体验。

（一）不期而遇——文化之旅

我们常说民宿主人应充满人文情怀，而情怀与人的文化修养、生活态度、审美情趣、兴趣爱好、生活阅历、个性特征等密切相关，民宿主人的情怀决定着民宿的风格与基调，是民宿主人题选择、环境营造的决定性因素。也许他想表现清新文艺范儿、想呈现自己对根雕艺术的爱好，或是对手风琴情有独钟⋯⋯客人身临其境，感知和审视民宿主人匠心独运的文化表达与主题渲染，从而有所思有所获，在时空中与民宿主人表达的文化、审美不期而遇，感知民宿主人的精神世界。

（二）独特邂逅——民俗体验

民宿服务应凸显当地地域文化特色。民宿服务人员应熟悉当地的人文风情，了解本土的风味美食、风俗传统和民间技艺，应主动、热情地向客人提供旅游咨询服务，推荐、组织客人参与本土特色旅游活动，引导游客"入乡随俗"、深度领略本土文化。

"自助式"咨询方式也是不错的选择。通常在房间内为客人提供本地景点介绍、旅游线路图、土特产介绍、公共交通信息、特别的手绘地图等，让客人邂逅一场美好而独特的"本土民俗"之旅，留下一次原汁原味的本土生活体验。

（三）天马行空——谈天说地

可能民宿的装修风格吸引了客人，或是某一个摆件引起了客人的关注；也许民宿的主题文化深深打动了客人，或是客人好奇于当地某些特别的习俗；也许民宿主人的某一款茶、某一本书让客人很心仪，也许客人就想找一个人随意聊聊⋯⋯无论哪一种假设，民宿主人与客人的交流本身就是一种个性化的、有温度的服务。宾主双方侃侃而谈，热情、博学的民宿主人不仅能带给住客满心愉悦，还能帮助客人驱散陌生感，深度了解民宿民宿、解主人的思想，这种交流也是推销自己民宿的绝佳机会。

（四）主题活动——放松身心

一曲悠扬的手风琴独奏，一段仙风道骨的太极，一波空旷净心的袅袅钵音体验，一堂独特的传统国学诵读课，一次挥毫泼墨的书法展示，一场品茗闻香的茶会，一次酣畅淋漓的温泉体验，一次远离喧嚣的种植采摘农耕活动……根据民宿自身特色为客人安排的各种体验活动，让客人感受、体验看似无心实则精心的用心的真诚和温暖。

（五）食宿体验——凡俗温馨

"日图三餐、夜图一宿"，美食美宿虽是凡尘俗事，却是游客旅途中不可或缺的体验。民宿提供的温馨可口、充满家庭氛围、具有浓郁地方特色的晚餐总是客人茶余饭后的回味与谈资；舒适、温暖的房间让客人情不自禁地"拍拍拍"。每一道菜、每一个装饰都是浪漫温馨的回忆。

民宿体现温度服务的方式和渠道很多，如为客人准备一点土特产、客人生病时主动提供就医服务、客人外出旅游时提供送站服务等，用心的服务为客人带去温暖，体现民宿独特的家庭式"暖心"服务，提高民宿的服务质量和核心竞争力。

◎ 任务实训

经过深思熟虑，小燕决定充分利用家住虹口的位置优势，开一家以"生态农业体验"为主题的民宿，请你帮她想想。

活动一：她需要为客人提供哪些产品，突出"生态农业体验"主题？同学们发言后根据各自陈述情况完成表1—7。

表1—7 实训评价一

实训项目	项目要求	分值	得分
产品名称阐述	产品内容详细、丰富	2	
	所列产品与主题密切相关	2	
	产品具有可实现性	1	

续表1—7

实训项目	项目要求	分值	得分
语言表达	普通话标准、流畅	1	
	表达清晰、有逻辑性	1	
	有自己独特、新颖的观点	1	
职业素养	举止有礼、符合行规	1	
	微笑，有亲和力	1	
	总分	10	

活动二：教师提供一系列民宿产品，同学们在罗列的产品中，选择一种体验性较强的产品，说说你如何组织客人去有序、愉快地体验，最后根据各自陈述的情况完成表1—8。

表1—8 实训评价二

实训项目	项目要求	分值	得分
产品选择	特色鲜明、与主题密切相关	1	
	具有较强参与性	1	
活动组织	组织有序	1	
	可操作性强	1	
	体验感愉悦、有效	1	
语言表达	普通话标准、流畅	1	
	表达清晰、有逻辑性	1	
	有自己独特、新颖的观点	1	
职业素养	举止有礼、符合行规	1	
	微笑，有亲和力	1	
	总分	10	

◎ 课后拓展

1. 请你谈谈民宿"好产品"的内涵。

2. 尝试设想一个你喜欢的民宿主人题,并说说你对环境设计的想法。

◎ 知识链接

游客选择民宿的动机主要有以下几点:

(1) 民宿地点临近主要的风景区;

(2) 民宿能让客人体验当地人的生活;

(3) 民宿附近有优美的自然景色;

(4) 亲友、旅游平台、媒体的介绍;

(5) 民宿会提供当地的特色餐饮;

(6) 入住民宿方便,服务较为亲切,有"家"的感觉;

(7) 民宿及周边环境清静,能让人放松身心;

(8) 民宿提供当地旅游讲解服务,让客人能更好地了解当地的风土人情及民俗活动。

项目三　　走近民宿人

因为民宿独特的气质，人们喜欢把民宿人与"诗和远方"联系起来，认为民宿人总是在满目清幽的白云之巅漫行，或是在春暖花开、面朝大海的地方留下串串脚印……经历了"野蛮生长"后的民宿人不仅要有情怀，更需要理性；需要用心，需要付出更多的辛劳和努力。

> **学习目标**
>
> 1. 能描述民宿的基本机构及人员配置。
> 2. 能说出民宿主人应具备的基本素质及能力。
> 3. 能描述对民宿管家及其他民宿人的素质及能力要求。
> 4. 能根据自身情况制定民宿人的提升方案。

◎ 设置情景

虽然有多年酒店工作经验,但小燕知道酒店服务工作与民宿经营肯定是有区别的。要做好理想中的民宿,自己首先要成为一个合格的"民宿主人"。可是应该怎么做?做什么样的民宿主人呢?小燕决定走出去,好好看看、学学。

任务一
近观民宿主人

◎ 任务描述

民宿风格与主题源于民宿主人对生活的态度与追求,所以业内专家们认为民宿主人是民宿的灵魂,决定着民宿的魅力与吸引力。那么究竟什么是民宿主人,他(她)应该具备什么样的特质呢?本节重点探究民宿主人的含义及其应具备的知识和能力。

让我们一起走近民宿主人。

◎ 任务要求

1. 能描述民宿主人的含义。
2. 能描述民宿主人应具备的素质。
3. 能准确说出民宿主人应具备的能力。

4. 能制定民宿主人的提升方案。

我们理想中的民宿主人是什么样的状态呢？

几乎所有的客人都希望遇到一个好的民宿主人，希望他（她）有一副丰富而灵动的大脑，能设计出有格调、有特色、有文化的民宿产品，吸引客人踊跃前往、放松身心；能想出很多好玩的点子组织住客去开心体验。同时他（她）应该具备乐观向上、从善尚美的人生态度，总是亲切、热情、贴心地对待客人，大气宽容，引导客人爱美、审美、追求美。人们还希望他（她）是一个无所不能的大才子，总有讲不完的故事；总能在客人需要时烹制或推荐可口的美食，为客人提供一杯自制咖啡或一杯清茶让客人安安静静地发呆；还能为客人或教客人拍出最佳角度的美照、带着客人在山林间穿梭嬉戏；遇到困难他们都能及时解决……努力完美、魅力十足是好主人的写照。可见民宿主人是一家民宿的核心，好的民宿主人设计、指挥、组织、管理着民宿有声、有色、有序地运营，赋予民宿温度与灵魂。

传统意义上的民宿主人就是指房屋所有者。根据中华人民共和国旅游业标准LB/T 065—2017《旅游民宿基本要求与评价》规定，民宿业主或经营管理者都称为"民宿主人"。也就是说，不管是房屋所有者、房屋租赁经营者，还是开发投资者委托的经营管理者，只要从事民宿经营管理，都可以称为"民宿主人"。

一、民宿主人应具备的素质

（一）思想素质

良好的思想素质是做好民宿服务工作的基础。

1. 公民思想素质。民宿主人应具备良好的公民思想素质，遵纪守法、爱岗敬业、踏实勤奋、有责任心；做人不卑不亢，不做有损人格、集体及国格的事。

2. 专业思想素质。民宿主人应具有传承历史、弘扬民俗文化、崇尚自然、追求美好生活等民宿行业情怀，热爱民宿行业，热爱服务工作。

(二）经营理念

民宿主人应是一个有"情怀"的人，那么如何在经营管理中体现自己的情怀呢？

1. 民宿主人要为客人营造一个具有浓郁地方特色、与众不同的民宿，让客人留下难忘的体验经历。

2. 民宿主人要通过装饰、摆件、服务等细节体现自己的文化视角，向客人传递文化的同时为客人带去审美享受。

3. 民宿主人要把客人看作"家人"，为客人提供"家"一样温暖而个性化的服务，让客人感受到家的温度。

4. 民宿主人要通过地方特色、文化审美、温暖服务吸引和引导客人，为实现民宿经营效益奠定广泛的客户基础。

(三）服务理念

1. 民宿主人应树立尊重客人、关心客人、服务至上的理念，对待客人亲切、温暖、有礼。

2. 民宿主人应具备主动服务意识，把服务工作做在客人开口之前，为客人提供周到、细致的服务。

3. 民宿主人应富有爱心、真心、诚心、细心、贴心，真诚、有效地帮助客人，为客人提供暖心、个性化的家庭式服务。

(四）基础知识及技能

1. 民宿主人应了解美学、空间布局、室内装饰设计、园林设计与规划等知识，为客人构建美好的空间环境。

2. 民宿主人应了解民宿所在地的历史、地理、文化等人文知识，赋予民宿浓厚的文化氛围。

3. 民宿主人应具备一定的摄影基础及文字功底，能进行自我宣传。

(五）专业知识及技能

1. 民宿主人应熟悉当地景点、民风民俗、自然环境等情况，方便为客人提供旅游咨询服务。

2. 民宿主人应具备一定的养生、运动等知识，能策划并组织客人参与相关活动，提升民宿吸引力。

3. 民宿主人应熟悉当地出产的食材，懂得食品营养及搭配、烹饪等专业知识，能为客人烹制、提供别致的地方特色餐饮产品。

4. 民宿主人应熟悉前台入住接待、餐厅服务、客房服务及其他服务基本规程，为客人提供温馨、别致的旅游体验服务。

二、民宿主人应具备的能力

(一) 基本能力

民宿主人应具备以下基本能力。

1. 服务能力。

所谓"服务"就是指履行职务，为他人做事，并使他人从中受益的一种有偿和无偿的活动，也指任职。民宿行业本身就是服务行业，故为客人"服务"是民宿主人必备的基础能力。民宿源于"家庭旅馆"，民宿主人应把客人看作"家人"，为客人营造其乐融融的家庭氛围，提供像"家"一样温暖的服务，给客人"家"的归宿体验。

2. 语言能力。

良好的语言能力是与客人和团队人员沟通交流、及时化解矛盾、有效促进工作的重要能力。民宿主人应有礼貌、热情、亲切，带有温度和感情，最好会说一些方言，拉近与客人的距离，营造亲近氛围；同时会熟练使用普通话，方便与来自全国各地的客人沟通交流，体现良好的服务素质。现在越来越多的外国游客喜欢中国独具魅力的民宿，使用英语接待外宾、让民宿行业国际化是未来民宿主人需要努力的方向。

3. 观察能力和记忆能力。

民宿主人应具备良好的观察能力和记忆能力，有利于自己细致地观察客人、了解并记住客人的喜好，以便为客人提供个性化、有针对性的服务，从而提高客人的满意度和民宿吸引力。

（二）关键能力

关键能力能有效促进民宿主人自身发展及民宿不断发展，主要包括以下几点：

1. 营销能力。

营销能力是民宿主人应具备的关键能力，体现着民宿主人对市场变化的敏感度，直接影响着民宿经营效益及其发展空间。营销能力一般表现分为四个层次：第一个层次为充分了解民宿产品特征，能熟练为客人介绍；第二个层次为可根据客人的爱好和生活习惯灵活销售民宿产品，提高客人体验品质；第三个层次为可充分利用OTA、口口相传、自媒体等渠道让民宿产品广而告之，提高知名度；第四个层次为能不间断地提炼、升华产品核心价值，保持产品强劲的生命力，这是营销能力的最高层次。

2. 学习与创新创业能力。

随着民宿行业的快速发展，消费者不断觉醒，他们对民宿行业会提出更高的要求。为满足消费者的新需求与高要求，民宿主人需要关注行业发展趋势，不断学习新知识、新技术，与时俱进，提升自身修养，深度挖掘民宿文化，进一步创新产品特色、调整产品结构，不断赋予民宿新的内涵，使其始终独具特色。

3. 应变能力。

民宿主人的应变能力是指面对客人生病、故意刁难、停电停水、空调故障等意外情况时能采取适宜的应对措施。民宿是一个独立的运营个体，民宿主人每天面对不同的客人、不同的事情，谁也说不清楚下一秒会发生什么，而有些事会直接影响民宿的声誉和运营状态。面对这些突发事件时理智对待、自律自控是前提。为尽量杜绝这类事情发生，民宿主人应提前做好应对措施。比如，定期检查，预防设施设备故障；与水、电、气供应部门保持沟通，提前做好预防准备；完善各项服务，力争让客人满意；提前做好客人生病等突发事件的处理预案；等等。这也需要民宿主人在经营管理过程中不断去积累和完善。

（三）核心管理能力

民宿运营离不开经营管理，因此"管人理事"是民宿主人的核心能力，主要体现在以下两方面。

1. 团队协调能力。

为客人提供满意、舒适、特色、贴心、温暖的服务是民宿经营的基本宗旨，因此满足客人的合理需求，沟通协调"不合理要求"是"满意服务"的前提。每一项完美的服务都需要内部团队的配合，需要民宿主人统筹安排和组织，促进、协调各部门紧密配合，确保每一项服务工作的完美呈现。如果"民宿主人"是投资者委托的经营管理人，还需要协调投资者的意愿，取得投资者的理解和认可。同时民宿的经营活动，离不开政府主管部门、离不开社区及周边民众、离不开水、电、气等供应部门的支持与协作，这也需要民宿主人出面沟通协调。可见民宿主人的团队协调能力是做好民宿运营的基础，是取得客人积极协作、感受美好体验的关键能力之一。

2. 运营管理能力。

"民宿主人"就是民宿的领头人，决定着民宿的经营管理是否科学、合理、有序。毕竟民宿行业是一个综合性服务行业，从筹划到开门营业就会遇到各种各样意想不到的人和事，"主人"必须做到心中有数，综合考虑人员、产品、资金、竞争、成本与收益等因素，对民宿运营工作做出统一计划、安排、实施及有效控制，这是作为一个管理者应该必备的能力。

民宿主人不仅要具有"诗和远方"的情怀，更需要把"梦与情怀"融入脚踏实地的工作中，不断提升自我，提升产品品质，创造并与客人分享"美好"，为客人提供有情感、有温度、稳定的服务，这是民宿行业的"软黄金"。

◎ 任务实训

活动一：小燕要把虹口家里这个民宿做好，她应通过什么途径来提升自己？

1. 请你帮小燕想一个提升方案。（哪些方面需要提升，通过什么途径提升？）
2. 展示你的方案，分享结束后进行评分（表1—9）。

表1—9 实训评价

实训项目	项目要求	分值	得分
知识储备阐述	内容详细、丰富	1	
	所列知识与主题密切相关	1.5	
	提升途径清晰、具有可操作性	1	

续表1—9

实训项目	项目要求	分值	得分
能力结构阐述	内容详细、丰富	1	
	所列能力与主题密切相关	1.5	
	提升途径清晰、具有可操作性	1	
语言表达	普通话标准、流畅	1	
	有自己独特、新颖的观点	1	
职业素养	举止有礼、符合行规	0.5	
	微笑，有亲和力	0.5	
总分		10	

◎ 课后拓展

1. 谈谈你对民宿主人的理解。

2. 如果是你，你想做一个什么样的民宿主人？

◎ 知识链接

中华人民共和国旅游行业标准 LB/T 065—2017《旅游民宿基本要求与评价》对民宿主人提出了评价标准。

1. 传递生活美学。

（1）民宿主人热爱生活，乐于分享。

（2）通过建筑和装饰为宾客营造生活美学空间。

（3）通过服务和活动让宾客感受到中华民族传统待客之道。

2. 追求产品创新。

（1）产品设计追求创新，形成特色，满足特定市场需求。

（2）产品运营运用新技术、新渠道，形成良性发展。

3. 弘扬地方文化。

(1) 设计运营因地制宜，传承保护地域文化。

(2) 宣传推广形式多样，传播优秀地方文化。

4. 引导绿色环保。

(1) 建设运营坚持绿色设计、清洁生产。

(2) 宣传营销倡导绿色消费。

5. 实现共生共赢。

(1) 民宿主人和当地居民形成良好的邻里关系。

(2) 经营活动促进地方经济、社会、文化的发展。

◎ 设置情景

想到自己将独立撑起一家民宿，小燕有些激动，但更多的是紧张。自己曾经在酒店餐饮部工作，只需按部就班完成主管安排的工作就行。而现在一切都要靠自己打理，家里除了自己，只有父母能帮帮忙，要不要请一个人来协助自己呢？小燕渴望有一个传说中的"大神"——"民宿管家"与自己共担风雨。

任务二
细看民宿管家

◎ 任务描述

客人选择民宿，通常是冲着民宿具有独特格调、舒适惬意、温暖美好、情景交融等体验服务。作为产品提供者，一家独立经营的民宿应该有哪些部门、哪些人共同协作为客人提供理想的服务？这些人应该具备什么样的素质和能力？尤其是大家耳熟能详的民宿管家，又应该具备什么样的特质呢？这将是本节探究的核心。

◎ 任务要求

1. 能描述民宿的基本结构及其职能。
2. 能描述民宿管家应具备的素质。
3. 能准确说出民宿管家应具备的能力。
4. 能制定民宿管家的提升方案。

随着民宿行业的发展，民宿管家逐渐成为业内炙手可热的职业。如果民宿主人是民宿的灵魂，那么一名优秀的管家就像民宿的血液与经络，将民宿的文化特质、温暖情感一点点传递给客人，滋养并点燃客人心目中对"理想家园"的渴望。于是，管家服务成为民宿行业招徕顾客的一种方式，民宿经营者们渴望找到优秀可心的民宿管家，提升民宿的服务品质和吸引力。那么问题来了，在民宿行业的日常运营中，难道只要有管家存在就万事大吉？答案当然是否定的。因为任何一个企业的正常运行都需要一个默契协作的团队。

一、民宿运营组织机构

从民宿产品构成角度来讲，如果只提供基本住宿产品，那么民宿功能相对单一，只需要前台对客服务、后勤保障两大工作类别。通常小型私营、仅提供住宿功能的城市民宿结构如图1—16所示：

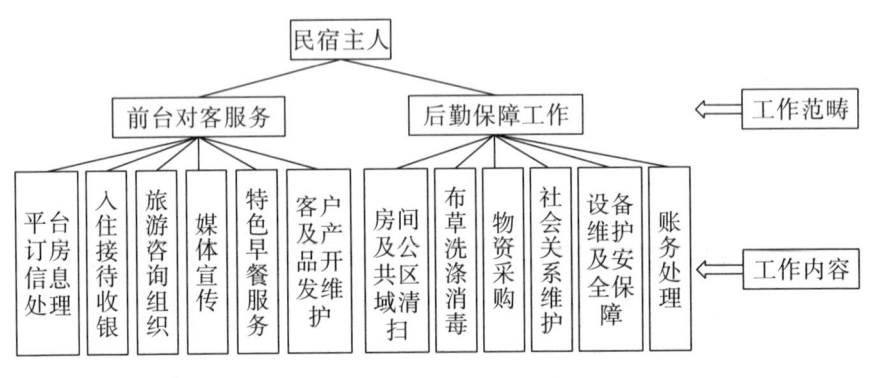

```
                        民宿主人
              ┌────────────┴────────────┐
         前台对客服务                后勤保障工作         ⇐ 工作范畴
      ┌──┬──┬──┬──┬──┐        ┌──┬──┬──┬──┬──┐
      平 入 旅 媒 特 客         房 布 物 社 设 账
      台 住 游 体 色 户         间 草 资 会 备 务
      订 接 咨 宣 早 产         及 洗 采 关 维 处
      房 待 询 传 餐 品         公 涤 购 系 护 理       ⇐ 工作内容
      信 收 组     服 开         共 消     维 及
      息 银 织     务 发         区 毒     护 安
      处                 维         清               全
      理                             扫               保
                                                     障
```

图1—16　私营民宿运行结构图

规模小、业务量少的私营民宿通常会采用图1—16所示的工作分工结构运营。民宿主人是一个多面手，他（她）将和家人完成民宿运营过程中的全部工作，将自己的理想在经营活动中逐步呈现，可见其辛苦程度非同一般。但有的民宿主人把民宿经营当作副业，因人手不足，通常将清洁卫生、布草洗涤等工作外包，自己只负责质量验收，只是这种方式人为影响较大，易造成卫生质量不稳定。还有一种方式则是民宿主人直接聘请经验丰富、志趣相投的管家来负责日常运营，民宿主人负责产品开发及财务监督，做一个轻松的主人。但采取这种方式可能会遇到管家跳槽、客户流失的情况。

某些以提供住宿为主的城市民宿及城市连锁民宿通常也是采用聘请管家负责日常运营的运行模式，不同的是：①某一个区域内存在多家店，位置分散，形成片区，该片区负责人管理片区内的多个分店，每个分店都有对应的管家；②管家可能是一个团队；③所有的服务以电话、网络交流为主；④可能会为客人提供厨房及相关设备服务；⑤财务核算统一由公司负责。

如果是住宿产品、配套产品及特色活动三类产品均同步运营，规模大、业务量多、投资大的公司制民宿，则有着截然不同的运营机构，如图1—17所示。

模块一 | 民宿概述

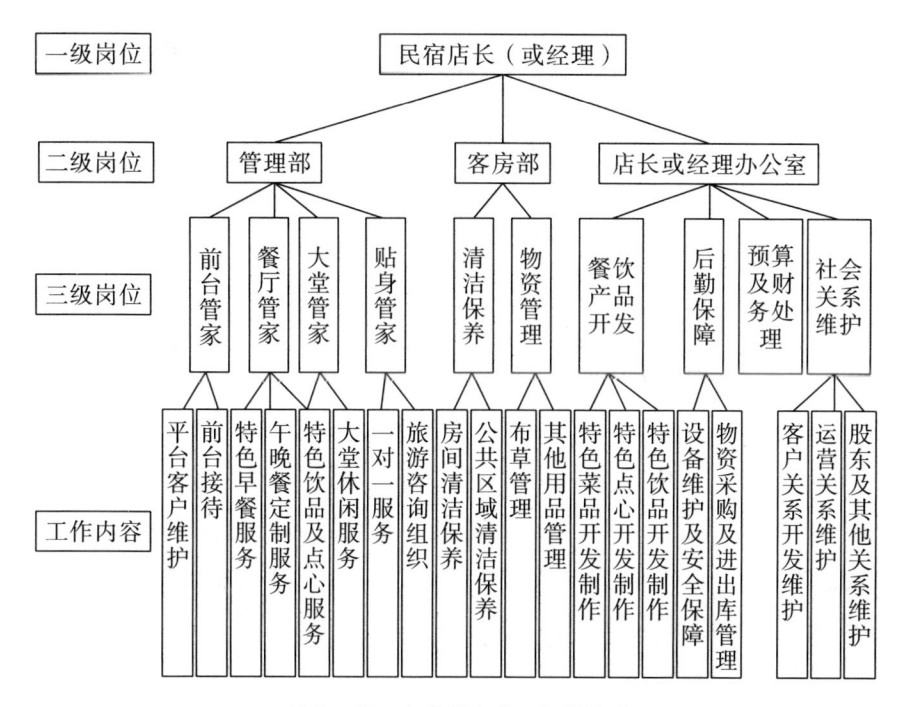

图1-17 公司制民宿运行结构图

一般由公司投资经营、资金雄厚、规模较大、配套产品较齐的精品民宿，投资方通常会聘请职业经理人负责运营管理，走"高端精品"路线。从图1-17可以看出，公司制民宿运营管理层次清楚、分工明确，三大职能部门各司其职、协作配合，特别突出和强化管家服务，凸显民宿浓厚的"家文化"。那么民宿管家究竟要怎样定义？

二、民宿管家

民宿管家是民宿经营活动中的重要岗位，不仅要负责民宿运营中的所有日常事务、对客服务，还要维护、管理、推广民宿网络平台，确保民宿的质量、流量和效益。可见，民宿管家是一个"多面手"，他（她）应具备较强的综合能力。对民宿管家的具体要求可分为三个方面。

（一）基本要求

1. 具备较好的形象气质，身体健康。

2. 具备良好的思想素质，遵纪守法。这是做好管家工作的基础。

3. 积极向上、性格开朗、头脑灵活、心态阳光，具备较强的抗压能力。

4. 工作踏实、责任感强；爱岗敬业，热爱管家工作。

5. 具有较强的服务意识，能主动、热情、耐心、周到地服务。

（二）工作能力

1. 具备较强的沟通、协调能力。

民宿管家要能与客人、前后台、周边邻居及其他人员有效沟通，促进民宿的顺利运营是管家必备的能力。管家因经常要与各类客人沟通、交流，对其语言能力也有一定要求，具体表现为：第一，普通话标准、流利，能用至少一门外语（英语）接待外宾；第二，要注意语言表达的艺术性。要达到这样的要求需要长期学习积累，提升自己语言驾驭能力；充分了解客人需求、站在客人角度、采用客人最乐意接受的方式进行沟通。

2. 服务能力与推销能力。

从客人预订到离店，管家要熟悉民宿产品性能、了解客人个性需求，抓住每一个"服务关键时刻"，设计好每一个服务环节，向客人介绍和推销民宿产品，为客人提供"适时、周到"的服务，带给客人美好体验，让其留下美好印象。服务与推销是相伴相生的，两种能力均是管家关键工作能力。此外，熟悉民宿各环节（部门）的工作流程、工作标准、产品形态也是管家必备的专业能力。

3. 熟练操作电脑的能力。

民宿管家要能熟练使用电脑接受网络订房，维护管理好订房网站及相关渠道，确保网络订房系统正常运转，同时应注意与网站保持有效沟通，及时更新房间信息，保证销售信息准确无误。

4. 服从与合作能力。

乐于合作、善于合作是民宿正常运营的基石。上下级之间、宾主之间、同事之间，只有相互配合、协作、密切配合，才能完成民宿运营的既定目标。

（三）工作内容

1. 及时处理系统订单，提前与即将入住的客人沟通协调，确认其行程、是否用餐等信息。

2. 了解和掌握当天宾客抵离店情况和接待服务要求，提前准备、落实叫醒服务、店内迎送、车辆安排等事宜。

3. 了解、检查预订的房间清扫、赠品摆放、特殊要求等的准备情况。

4. 为客人办理入住登记、结账离店手续，要求流程规范、快速、准确。

5. 向客人展示菜单、下午茶品种等，供其选择，并安排相应食材采购事宜。

6. 为客人提供早餐、茶点及定制午晚餐服务。

7. 适时、恰当地与客人交流互动：向客人介绍自己、介绍民宿特色产品及周边环境；根据情况组织客人参与相关体验活动；与客人建立电话、微信等联系，营造"家"的文化氛围；在工作限度及能力范围内，尽可能解决客人住店期间所遇问题，最大限度满足其所需。

8. 建立营业账册，确保账目清楚：①及时录入、核对宾客账单；②认真审核、签收送洗费用单、采购单等各类运营原始凭证，做到账物相符；③及时做好进出库记录、入账等工作，并定期进行物资盘存，制作盘存报表上交相关人员；④填写管家营业日记账表，做到笔笔清、日日清。

9. 建立并管理好离店客人的档案。尽可能获取详细、完整的信息，如客人的姓名、性别、年龄、职务、身份、住址、此行目的、同行人员、消费状况、喜好等，方便下一次的针对性服务；逢年过节发送问候祝福，体现民宿的"人情味儿"。但一定注意保证宾客资料的安全。

10. 每日检查房间、公共活动区域及院落的清洁保养状况，协调布件补充送洗、设备维护保养等工作，保证民宿安全有序地运行。

11. 完成民宿主人（上级）交办的其他临时性工作。不同类型的民宿，管家的工作内容会有一些区别，但对民宿而言，管家是品牌形象代表，是服务质量的综合体现，是民宿吸引力的核心要素；对客人而言，管家是一个"超人"，能解决自己在店期间遇到的几乎所有问题，给予自己足够的帮助和安全感；对管家自身而言，这个职业是一个要耐得住寂寞、受得住辛劳、扛得起责任、学得会本事、做得来杂事、守得住情怀、聊得来天地的成长型综合性职业。

二维码：民宿管家采访录

◎ **任务实训**

活动一：假如小燕请你到她的民宿做管家，你觉得自己能胜任吗？请进行自我分析。

1. 能胜任的原因。
2. 不能胜任的地方。
3. 准备如何提升自己？（哪些方面需要提升，怎么提升？）
4. 展示你的方案，分享结束后进行评分（表1-10）。

表1-10 实训评价

实训项目	项目要求	分值	得分
小燕民宿分析	现状分析客观、合理，内容详细	1	
	发展趋势展望客观、可行	1	
自我匹配度阐述	自我认识客观、合理	2	
	匹配度分析与主题密切相关	2	
	提升途径清晰、具有可操作性	1	
语言表达	普通话标准、流畅	1	
	有自己独特、新颖的观点	1	
职业素养	举止有礼、符合行规	0.5	
	微笑，有亲和力	0.5	
总分	10		

◎ **课后拓展**

1. 调查你周边的一家民宿，了解它的运营机构设置情况。

2. 谈谈你心目中民宿管家的样子。

◎ 知识链接

1. 一般情况下，大部分民宿都采用家庭式管理方式，不需要分什么部门。其中店长是核心人物，由店长组织安排店长助理、前台人员、出纳、客房服务人员、维修及厨房人员共同为客人提供服务。其中有一项重要的工作就是文案美编，可由上述人员兼职，专门负责民宿的对外宣传。

2. 民宿建设过程中，店长及其助理最好全程参与，了解和体验创建过程中的喜怒哀乐与思想碰撞，积累民宿成长的点点滴滴，就像看着孩子跌跌撞撞地成长，每一个瞬间都留下深刻烙印，等待着与未来的朋友分享它的故事、共享它成长的每一段记忆，赋予民宿美好的情感与灵魂。

3. 一直以来，我们默认"管家服务"起源于英国，几乎所有的人都认为英式管家是绅士中的绅士，然而管家真正起源于法国。只是英式管家的工作规程与传统英国宫廷礼仪结合，更加注重细节，专为有身份地位的富豪、社会名流、政界高官及贵族服务，成为高品质服务的标志。

模块二 民宿管家服务

民宿行业中，管家服务是其标志特点，是民宿软件服务的核心部分，能有效提高顾客对民宿的评价。管家则是民宿住客接触频率最高、沟通互动最频繁的个体角色。顾客在民宿体验过程中，民宿管家结合客人偏好综合考虑服务项目与内容，整体协调、全方位呈现，为住客提供全程无缝隙的服务，管家贴心、真诚和注重细节的服务往往是打动顾客的关键。

本模块将从售前定制服务、入住接待、在店服务体验、售后服务四个项目概括介绍民宿管家服务的个性化服务规程。

项目一　　售前定制服务

售前定制服务是为了增进民宿与客人之间的相互了解，一方面让客人客观地看待民宿，一方面便于民宿"对症下药"，详细了解客人需求，提供针对性服务，提升客人体验感，这是民宿的根本目标。

> **学习目标**
>
> 1. 了解民宿日常预订的处理方式。
> 2. 理解民宿的服务意识及沟通技巧。
> 3. 了解客人抵达前管家沟通准备的常见内容。
> 4. 了解客人抵店前温馨提示的基本内容。

◎ 设置情景

桃子和闺蜜休年假的时候,想体验一下当下热门的民宿,于是在网上预订了阳朔遇龙河边的某民宿。桃子对热情的民宿管家十分有好感,对这次旅行充满了期待。

任务一
受理预订,沟通细节

◎ 任务描述

民宿住客最先和最后接触的通常都是民宿管家。从迎接到送别,民宿管家和客人有着最多的交集。如果一家民宿以贴心、温馨的服务著称,那么民宿管家就是这个服务的最佳执行者。当客人需要他的时候,他似乎无处不在、无所不能,在客人不需要他的时候,他似乎从未存在。但服务并不是从客人入住开始,而是从客人预订开始。

◎ 任务要求

1. 能有效地进行咨询服务。

2. 能掌握受理预订的细节。

3. 能掌握和运用基本的沟通技巧。

民宿服务开始于客人的咨询,这是民宿与客人建立良好关系的第一步,也是给客人留下第一印象的重要环节。

一、售前咨询

1. 要耐心热情、主动说明自己的身份,对客人提出的问题要快速回复。

2. 要提前准备房间图片、房型表等图例(图2—1)。

图2—1 江南忆温泉别苑中个性化的露天浴室

3. 给予客人建议并重复确认重要信息,如房源优劣势、退改订政策、免责声明等。

二、受理预订

客人预订的方式有很多种，常见的主要有以下几类。

（一）网上预订

对于网上订单，民宿工作人员要第一时间确认订单，及时检查 PMS 管理系统信息，如果没有自动排房，则进行手动排房操作；及时主动联系预订客人，确认其入住信息（日期，房型，价格，人数，是否需要接机、接站，有无其他特殊要求等）；添加客人微信，向客人发送订单并确认信息（电话、地址及留房时间）。如果客人选择自驾的方式出行，需让其告知自驾路线。在客户渠道表中备注信息来源，选择相关预订来源网站（如携程、途牛等）。如果确认预订后房源情况有变更，一定要提前通知房客。

> **小贴士：**
>
> PMS，即 Property Management System，直译为物业管理系统。酒店 PMS 是一个以计算机为工具，对酒店信息进行管理和处理的人机综合系统，它不但能准确及时地反映酒店业务的当前状态、房源状态，还能快速实现从客人预订入住到财务对账等一系列操作；它不但是一个数据统计的数据库，还能够提供各方面的报表，且可利用数据进行统计分析，从而更有利于酒店的经营和管理。
>
> 目前，国内主要的 PMS 有石基、西软、绿云、众荟、别样红、金天鹅、住哲、云掌柜、番茄来了、佳驰等；国外主要的 PMS 有 Opera、Sabre 等。

（二）电话预订

1. 接听电话：铃响三声内接起电话，并使用规范用语向客人问好，态度亲切。

2. 得知订房：向客人表示感谢，询问订房人姓名："先生，您好，请问贵姓？"得知姓名后可直接以姓称呼。根据预订情况，详细地向来电者介绍当日酒店可预订的房型。

3. 接受订房：问清入住人详细信息（预订房型、间夜数、抵离日期），并添加入住人微信，便于后续及时沟通；告知其预订时需缴清房费，不接受口头预订。排房，备注客人要求，选择客源渠道（散客或熟人介绍），留下联系方式。

4. 确认最重要的订房信息，根据酒店最新房价准确报价，引导客人下单（OTA平台）。为客人提供周全的订房服务。

> **小贴士：**
>
> 在线旅游（OTA，全称为 Online Travel Agency），是旅游电子商务行业的专业词语，指"旅游消费者通过网络向旅游服务提供商预订旅游产品或服务，并通过网上支付或者线下付费，即各旅游主体可以通过网络进行产品营销或产品销售"。可将OTA理解为在线旅行社，即把传统的旅行社销售模式搬到网络平台上，拓宽了信息传递的路线，通过互动式的交流，方便客人的咨询和订购。
>
> 以酒店行业为例，我们的客源主要可分为团体游客和散客，团体游客订购客房一般是通过旅行社，散客一般是自己主动寻找过来。在过去，客人对酒店的选择可能是随机且随缘的，而OTA的出现实际上是给了客户提前挑选酒店、提前预订酒店的可能性。也就是说，从用户的角度来看，在挑选旅游产品上，OTA给了他们更多的选择机会。
>
> 从商业模式的变化上来看，在酒店OTA运营中，实际上主要涉及两方，即以携程、美团、飞猪为代表的OTA平台和以酒店商家、酒店业主为代表的供应商。为了顺应互联网的发展趋势，酒店商家与OTA平台达成一致的协议，把线下的生意借助OTA平台搬到线上，这种模式就叫酒店OTA运营。

5. 再次确认及向客人表示欢迎："谢谢您的订房，我们期待着为您服务。"再次重复一遍预订的内容，保证订房的正确性，并在房态系统录入订单。

6. 排除可能出现的预订后但客人无法入住的订单。

(三) 上门订房

对于直接上门订房的客人，前台服务人员先要问清客人所需，根据客人需求推荐房型，必要时带客看房。根据客人需求选好房间，通作排房，收取全款房费。留好客人联系方式，便于沟通。

三、沟通

不论采用哪一种预订方式，管家在与客人沟通过程中，都要注意语言礼貌、亲切、简练、清楚，给客人准确的回复，同时也要提高自身的工作效率。

礼貌用语示例

① "××先生，您好，请问要预订哪一天的房间，打算住几天？"
② "我们有高级客房、豪华客房、套房等，请问您要哪种？"
③ "××先生，高级客房为人民币×××元/天，豪华小套房为人民币×××元/天，并包含两份早餐/天。"
④ "请问住客姓名？"

那么应该怎样进行沟通呢？

(一) 合理选择沟通方式

民宿管家与客户沟通的方式通常有口头、电话、书面、网络、会议等，通过沟通了解客人要求、确定服务细节、销售民宿产品等。不同的沟通方式对文字语言信息、声音语言信息、身体语言信息有不同的要求。

1. 口头沟通。

口头沟通是主要的沟通方式，它综合运用文字语言、声音语言、身体语言来传递信息。影响权重依次为身体语言、声音语言、文字语言，所以在口头沟通中要特别注意对身体语言、声音语言的运用。

2. 电话沟通。

电话沟通是现代社会中主要的沟通方式，它运用声音语言、文字语言来传递信息。影响权重依次为声音语言信息、文字语言信息，所以电话沟通中尤其要注意语音语调的清晰、热情。

3. 书面沟通。

书面沟通是服务工作中最正规的沟通方式，它通过单一的文字语言来传递信息，具有可以保存、方便展示、有法律意义等特点，所以它强调遣词造句的严谨性。

4. 网络沟通。

网络沟通一般在咨询、预订、服务、售后、外联工作中使用，通过文字语言来传递信息，即时性强、辐射面广，要求快速、通俗，所以不必太正式、太拘泥文法。

5. 会议沟通。

会议沟通一般在商谈团队接待、重大事务时使用，沟通中综合运用身体语言、声音语言、文字语言进行互动，强调三种信息的组合运用与互动反馈。

（二）合理运用沟通技巧

语言是一门艺术，尤其是管家服务，更要恰当运用沟通技巧，给客人留下良好印象。以下总结几点具体的沟通技巧。

1. 运用婉约方式传递坏消息的技巧。

假如管家在服务工作中获悉某个非常重要的服务环节出了状况，无疑这是一个很糟糕的消息。如果不假思索、立刻向客人通报这个坏消息，会让客人怀疑民宿管家的服务素质或危机处理能力，甚至会引起纠纷。那么你应该怎么做呢？首先，务必保持冷静，整理好思路，从容不迫、声调平和；其次，千万别慌慌张张、情绪起伏，切忌说"问题"或"麻烦"等败兴字眼。一定要让客人觉得事情并非无法解决，以"我们""咱们"等亲近的称呼，与你的客人结成同盟，并肩作战，共同应对"小问题"。

2. 客人询问回答技巧。

对待询问最好的办法就是马上处理！准确、迅速的回答会令客人觉得你是名有效率、愿意为他服务的好员工；相反，即使我们只是说"请稍等"，也是一种犹豫不决的态度，只会惹得客人不高兴。记住说"马上就办"，不说"请稍等"。

3. 表现出赞美别人的素质。

在沟通中真诚地赞美客人。抓住与客人聊天的机会并在他心情不错之时，说一句："您的主意真不错！"这种谦虚、低调的话语会让客人觉得说话之人谦虚有礼貌，因而另眼看待。

4. 巧妙闪避的技巧。

"让我再认真地想一想，很快我会给您答复，好吗？"客人向你提问而你不知该如何作答时，这句话是比较好的表达方式，千万不可以说"不知道"。在民宿服务中需要加上"我立刻为您询问一下同事"，此类回答不仅可以暂时为你解危，也让客人认为你在这件事情上很用心。

5. 恰如其分地发起对话。

许多时候，你与客人共处一室，为避免尴尬的局面，你不得不说点什么，这也是一个让你赢得客人好印象的绝佳时机。但说些什么好呢？此时，最恰当的莫过于一个与民宿有关、与客人贴近的话题，如"我很想了解您对我们服务的看法……"或是问一个客人都关心和熟知的问题"你今天去了某某景区吗？"再比如聊一个发人深省的话题"你最喜欢民宿的地方……"他如果滔滔不绝地诉说心得，你不仅获益良多，还会让客人对你的上进之心刮目相看，同时拉近关系。

6. 承认疏失但不引起客人不满。

服务工作中难免会有一些疏漏，勇于承认自己的疏失非常重要，因为推卸责任只会让你看起来像个软弱无能、不堪重用的人，不过这不表示你就得因此对每个人道歉，诀窍在于别让所有的矛头都指向自己，坦诚却淡化你的过失，转移客人的焦点。"是我一时失察，不过幸好……"这句应该是不错的选择。

7. 面对批评要表现冷静。

自己认真工作但效果不佳时遭人批评，的确是一件令人沮丧的事。但将不满情绪写在脸上是毫无意义的，相反应该让批评自己工作成果的客人知道，你已接收到他传递的信息。不卑不亢的表现令你看起来更有自信、更值得人敬重，让人知道你并非一个刚愎自用或是经不起挫折的人。记住这句经典用语："谢谢您告诉我，我会认真考虑您的建议。"

有效沟通的重要性显而易见，正确的聆听是沟通过程所必需的，它有着重要的意义。

◎ 任务实训

某民宿管家受理预订中讲道："我们家这间套房安装了全智能客控系统，床垫是希腊纯进口COCO－MAT，洗漱用品为法国SEVEN－PULS，24小时Wi-Fi、热水及地暖供应。"从该介绍中，你获得哪些房间信息？请完成以下任务。

活动一：通过预订介绍民宿的特色。分享结束后进行评分（表2－1）。

表2－1 实训评价一

实训项目	项目要求	分值	得分
学习任务	内容详细完整、连贯	3	
	有自己独特、新颖的想法	3	
职业素养	普通话标准、流畅	2	
	语言温和有礼、有亲和力	1	
	动作规范、大方得体	1	
	总分	10	

活动二：说出电话受理预订民宿的程序，完成后进行评分（表2－2）。

表2－2 实训评价二

实训项目	项目要求	分值	得分
学习任务	准确、连贯、完整	3	
	准备充分	3	
职业素养	普通话标准、流畅	2	
	语言温和有礼、有亲和力	1	
	动作规范、大方得体	1	
	总分	10	

活动三：情景模拟，各抒己见。

情景：学生甲对学生乙说："你讲得真好。"同时眼睛侧视、看上、看下，东张西望；或双手抱胸、手插裤袋；或用手指指着乙；或对乙冷笑；或低音、没有感情，低头不看乙；或大声地笑着；或微笑并注视着乙。

描述：学生甲描述当时的行为心理，学生乙描述当时的真实感受，其他同学发表感悟。

◎ 课后拓展

1. 受理预订时,应注意哪些细节?

2. 模拟电话受理预订基本流程?

◎ 知识链接

1. 为什么需要及时处理网络订单?

前台电话咨询属于即时性信息,现在是大数据网络时代,在出行预约,房间预订时客人会更倾向于网上下单,那么就更需要民宿前台人员在处理日常事务的同时,及时关注网络订单、及时确认订单。

旅客在网络平台购物的时候都会关注店家的评分,评分越高的店铺在网络平台上的排名会越靠前。民宿前台人员及时接单、确认房型、安排房型才不会出现拒单、漏单情况,给客户更好更快捷的OTA体验,才会提升顾客对店家的评分。这要求民宿前台人员在接单前就了解当天空余房型数量及房价等。

2. 民宿行业的SOP标准和施行。

什么是SOP? SOP是Standard Operation Procedure三个单词中首字母的大写,即标准作业程序,就是将某一事件的标准操作步骤和要求以统一的格式描述出来,用来指导和规范日常的工作。简单来讲,SOP就是每个部门的职责标准。但是每一家民宿(酒店)的标准是不一样的,因此需要有针对性地制定与之匹配的流程标准(表2—3)。

表 2−3　民宿 SOP 实操五步法

理解	民宿 SOP 是靠员工做出来的,是满足客人需求、展现民宿文化的标准流程
制定	对每个岗位的流程及最低标准,按照逻辑确定执行步骤
传递	将制定的 SOP 标准无误地传递给其他人员的过程,传递的是标准和程序
实施	完整地将民宿 SOP 标准实施的过程,落实到人和各环节
优化	贯彻 SOP 标准的实施,通过员工和客人的反馈,持续地进行优化调整

◎ 设置情景

在前期的沟通中，管家阿虹给了小桃他们很多关于天气、民宿信息和游玩的建议。小桃和闺蜜畅想着在露台喝茶聊天、听当地故事的画面，觉得这一定会是一次非常惬意的度假！

任务二
确认行程，充分准备

◎ 任务描述

民宿管家为客人提供个性化的服务，能够将当地文化元素运用到接待过程，主动帮助客人解决抵店前可能会遇到的各种问题，通过各种方式保障与客人的无障碍交流。民宿管家除了要保障基本的服务质量外，更要注重提供有温度的服务。

◎ 任务要求

1. 能合理预测客人需求，灵活提供相关建议。
2. 有效进行个性化服务设计和创新。

为提高客人在民宿的体验感，民宿管家通常会提前与即将抵店的客人确认行程、了解其要求，主动帮助客人解决抵店前可能会遇到的各种问题，充分体现民宿的温度服务和个性化服务。所以客人到达前，民宿管家需要做好以下服务工作。

一、提前联系

（一）提前联系客人，获取客人行程信息

1. 管家需要询问客人的到达时间，是否需要安排接机、接站等；询问客人的订房联系电话及联系人，便于提前做好服务准备，体现服务的周全性。

2. 管家与客人取得联系的时间可提前一周、三天、一天或当天，各家民宿不尽相同，但目的一样：传递重视客人、细致准备、周到服务的信息。

3. 联系方式：最好的方式是添加客人微信，将其加入客户群，便于沟通、发送入住期间的问候指引及积累客户资源。

（二）温馨提示，体现温度

一定要及时告知客人民宿所在地的路况、气温、地址等信息，方便客人做好旅行准备。

二、接待准备工作

1. 准备一个与众不同的欢迎仪式。简洁而别开生面的欢迎仪式会取得意想不到的效果，如管家热情的引领、一杯温暖的花草茶、一包可心的小零食、一句温馨的欢迎语……都会带给客人深刻、温暖的体验。

2. 准备好入住登记资料，提高入住效率。

3. 做好房间准备工作，提前检查好房间，准备、布置好欢迎入住的小物件，将空调调至适宜温度，备好果盘茶点（图2—2），开启蓝牙音乐，等等。

图2—2 房间特殊布置（果盘）

4. 准备好餐食：如果客人到店时间较晚，可提前询问客人是否需要备餐，以解其旅途之疲惫。

三、提供相关建议

（一）游玩指导

根据客人需求和民宿特色，满足不同客人合理的个性需求，帮助客人提前规划行程，提供即时、灵活、体贴入微的服务，一般不再额外收取费用。

（二）本地特色民俗推荐

将本地的风俗、文化、传统、物产、食材应用到民宿餐饮、周边旅游产品设计的过程中，并给客人提供符合本地特点的服务和建议。

四、个性化服务

（一）设计"百宝箱"

为入住的客户设计一个装着一些日常生活用品的"百宝箱"，装入各类物品，如快速充电器（有别于普通充电器，充电速度提升 2~3 倍，节约客人充电时间）、电源转换头（方便外国客人使用），治疗蚊虫叮咬的药水，外伤用的创可贴，跌打摔伤用的药油，暖宝宝，还有发夹、针线包、红包、便笺纸、笔、牙刷套，等等。

（二）活动策划

活动策划最重要的是一定要符合定位客群的需求；如果是根据特定客户需求定制的活动，一定要提前沟通，提前确认，确保客人的需求得到有效满足。

> **礼貌用语示例**
>
> ①"我们这里有很多传统活动,您如果时间充足的话,有兴趣可以参观一下。"
>
> ②"如果您对我们的风俗文化感兴趣,我建议您可以去拜访一下我们这里的竹编工艺传承人,老人家今年70多岁了,编的竹编质量特别好。"
>
> ③"您有小朋友随行吗?我们这边有采摘水果和蔬菜的活动,小朋友都很喜欢,需要帮您预约吗?"

(三)细节服务

具有温暖感的小礼品、烈日下送上的一杯冰水、细雨中出现的早已备好的雨伞(图2-3),冬日里尚未入住就已经开好的暖气……这些都是民宿中最基本的物件,却能够让客人感受到被重视。不失时机地为消费者送上精心准备的小礼品,会让消费者忘掉旅程中遇到的不愉快,并对此次民宿体验充满期待。

图2-3 民宿个性化服务小工具(雨伞)

其实在服务中可能会发生各种意想不到的情况，带给客人更大惊喜和感动的往往是那些看似不经意实则花心思的服务，有些服务无法落于纸面，只能通过管家的大脑创造性地去实现。

◎ **任务实训**

活动一：分小组模拟练习客人抵店前的细节问询及行程确认，练习结束后进行评分（表2—4）。

表2—4　实训评价一

实训项目	项目要求	分值	得分
学习任务	内容详细完整、连贯	3	
	有自己独特、新颖的想法	3	
职业素养	普通话标准、流畅	2	
	语言温和有礼、有亲和力	1	
	动作规范、大方得体	1	
	总分	10	

活动二：请模拟某民宿管家向客人介绍民宿可以提供的便捷设施和服务，活动结束后进行评分（表2—5）。

表2—5　实训评价二

实训项目	项目要求	分值	得分
学习任务	内容详细完整、连贯	3	
	有自己独特、新颖的想法	3	
职业素养	普通话标准、流畅	2	
	语言温和有礼、有亲和力	1	
	动作规范、大方得体	1	
	总分	10	

◎ 课后拓展

1. 分组讨论：在客人抵店前，为体现个性化服务，我们还可以考虑哪些细节？

2. 借助网络工具，进一步深入了解民宿管家的职责。

◎ 设置情景

一条温馨的提示短信出现在小桃手机里，短信中包含了民宿的位置、交通路线提示、最新天气预报……小桃备受感动，还没有到达民宿就已经感受到了民宿细心、体贴的服务，她迫切想身临其境去感受民宿的一切。

任务二
温馨提示，凸显关注

◎ 任务描述

从倾听到行动，与客人交心。民宿是有灵魂的，它不同于传统意义上的农家乐。民宿具有极高的调性和品位，它所吸引的消费者，也是具有足够购买力和极高精神需求的。要知道消费者放弃入住星级酒店的机会，而选择来体验民宿，要的就是这份与众不同，无论是各项非标准化的服务环节，还是多场景的体验，消费者都会用挑剔的眼光和批判的心态来面对。因此作为民宿主人或运营者，都需要打起十二分的精神来应对。

◎ 任务要求

1. 能做好客人抵店前的提示工作。
2. 在细节提示方面能做到创新和个性化服务的设计。

贴心、周到、有效的提示能让客人感受到民宿的温度，对民宿另眼相看。提示什么、什么时候提示？这需要民宿服务者用心斟酌，掌握好尺度。一般情况下，不同时段的提示内容不一样。

一、预订成功提示

一旦预订成功，应尽快联系客人，体现民宿对客人的重视。

> **礼貌用语示例**
>
> ①"王先生，您好！我是××民宿的管家小李。我已经在网上预订平台的后台看到了您的订单，想和您再次确认一下。"
>
> ②"王先生，您预订的入住时间是情人节，请问需要我们帮您做一些特殊安排吗？"
>
> ③"我们这边最近天气不太好，建议带好雨具和御寒衣物，最好带上防滑防水的户外鞋，这样您也可以参与我们组织的徒步活动。"
>
> ④"我可以加您微信吗？方便联系。"
>
> ⑤"王先生，如果您有什么需要，请随时联系小李。很高兴为您服务。"

二、抵店前提示

（一）抵店前三天

1. 天气、交通状况提示。

民宿管家应提前使用微信或短信将天气状况（大雪、暴雨、大风、高温等特殊天气）、交通指示（周末堵车、修路绕道、山路狭窄、弯道路陡等）着重告知客人，温馨提示客人提前做好物品准备和心理准备，以免客人将途中的不快迁怒于民宿，导致差评。

2. 特殊需求提示。

民宿管家应提前再次询问客人有无其他特殊需求（生日、纪念日类）、饮食偏好等，方便做好接待准备。

3. 再次感谢客人的预订。

"您好！欢迎您入住××民宿。如需其他帮助请随时与我联系，××管家祝您旅途愉快！"

（二）入住前夕

1. 短信或微信提醒客人："尊敬的王先生，您的私人管家小李已为您备好房间和可口的晚餐，恭迎您回家。今天有点降温，请带厚外套；周五有点堵车，请小心驾驶；别忘了带上身份证哦。"

2. 在微信中发送民宿位置，方便客人导航；同时发布民宿近期活动安排信息，方便客人提前选择。

3. 利用早会通报客情，嘱咐各个管家做好接待准备，安排客房服务员关注即将抵店客人的房间状况，确保万无一失。

4. 客人到达前五分钟，再次联系客人，管家提前在停车场或门口等候迎接，协助客人开车门、热情问候、搬运行李、将客人引领至前厅。

此外，还可提前建立一个客户互动群，请客人扫描二维码入群，在群里发布民宿体验的相关信息及退房时间。有效提高沟通效率，增强客户黏度，提高复购率。

三、在店体验期间的细微提示示例

1. 在客人入住的同时前厅管家应用工作手机在客户群中定时发送问候语和提示语（用餐时间、地点、注意事项，早、午、晚安问候，迎送辞等）。

2. 11:00左右，管家应在微信群里与客人互动，提醒客人午餐时间，并告知客人当日午餐准备的菜品特色。提前等候用餐客人，协助餐厅服务人员做好用餐服务。

3. 午餐后13:30左右，管家在微信群提醒客人可参与的活动，如徒步、寻野菜等户外休闲活动，或者KTV、迷你高尔夫球、喂养小动物、做手工等园区内的其他休闲活动。

4. 15:30，管家在微信群温馨提示：客人可以到休闲吧享用下午茶，并告知当日下午茶内容。

5. 17:00，管家在微信群里与客人互动：提醒客人晚餐时间，并告知客人当日晚餐准备的菜品品种及特点。

6. 19:30，管家在微信群里与客人互动，提醒客人可以到餐厅参加夜间活动，并告知夜间活动内容。

7. 21:30，管家在微信群里向客人道晚安。

8. 白班人员与夜班人员交接好当天工作，尤其是有特殊要求的客人或者重要客人的接待情况。

9. 第二天7:00，管家在微信群里给客人道早安，并告知客人早餐时间以及早餐特色。

10. 09:30左右，管家在微信群里与客人互动，告知客人可以在园区参加的休闲活动，并发送安全提示信息，如"请勿独自进入园区以外的登山步道"。

四、离店提示

客人离店前，管家可向客人介绍当地土特产、民宿特色商品、伴手礼等，满足客人的购物愿望；客人离店时温馨提示"交通安全"，客人离店后礼貌致谢。

民宿提供的绝不仅仅是一个住宿休息的空间，暖心提示贯穿全程，让客人享受"贵族"般的关注与礼遇，正是这样的服务方式让民宿积攒了回头客。

◎ 任务实训

活动一：分组编辑完成抵店前的提示信息，由小组代表来阐述，最后根据阐述内容评分（表2-6）。

表2-6 实训评价一

实训项目	项目要求	分值	得分
学习任务	内容详细完整、连贯	3	
	有自己独特、新颖的想法	3	
职业素养	普通话标准、流畅	2	
	语言温和有礼、有亲和力	1	
	动作规范、大方得体	1	
总分		10	

活动二：分组讨论，书中罗列了哪些"细微之处"的提示内容？还可以进行哪些个性化服务创新设计？讨论后进行评分（表2-7）。

表2-7 实训评价二

实训项目	项目要求	分值	得分
学习任务	内容详细完整、连贯	3	
	有自己独特、新颖的想法	3	
职业素养	普通话标准、流畅	2	
	语言温和有礼、有亲和力	1	
	动作规范、大方得体	1	
总分		10	

◎ 课后拓展

客人抵达前的温馨提示，会让客人产生怎样的感受？

项目二　　入住接待

　　客人入住时对民宿的第一印象至关重要,管家需提前准确掌握客人的行程,沟通协调各个部门做好充分的接待准备工作,不失时机地向客人介绍民宿文化理念、特色产品等,会给客人留下深刻的印象,拉开客人民宿体验的美好序幕。

> **学习目标**
>
> 1. 能做好民宿接待准备工作。
> 2. 能完成前台接待服务程序。
> 3. 能做好民宿个性化服务。

◎ 设置情景

小燕经营的民宿位于四川龙溪—虹口国家级自然保护区，环境雅致，服务周到，开业以来成为民宿界的网红。这天，小燕在网上接到客人的预订单。她需要提前与客人沟通相关细节，如到达日期、时间、人数、房间数、用餐要求、活动等，再次确定客人信息，检查房间安全卫生情况，准备迎接客人的到来。

任务一
接待沟通，做好准备

◎ 任务描述

民宿服务的好坏直接影响客人的入住体验。服务包括功能性服务与心理服务。功能性服务是解决客人需求，能够给客人提供便利。心理服务能让客人感到满意、有尊崇感。硬件不足服务补，优质的服务能够弥补民宿在硬件上的缺陷，成为民宿的卖点。

◎ 任务要求

1. 了解民宿接待的准备工作。
2. 了解管家为客人准备的特色伴手礼。

为了让远道而来的客人感觉到民宿特有的温暖，管家需要提前做好充分的接待准备工作，如接待环境准备、确认当日客情、房间准备、餐食准备等，为客人提供贴心周到的服务。

一、接待环境准备

（一）前台接待环境

大部分民宿设有前台接待员，面对面为客人办理入住登记手续。通常选择民宿的客人都会充满期待，当客人走进接待室，清雅别致的环境、温馨的灯光、笑脸相迎的管家、简洁高效且富有人情味的入住登记方式定会让其留下良好的第一印象。在客人等待房卡的3分钟内，送上几袋当地特色小食、一杯特色饮品（禅茶、咖啡、调味酒），可充分体现民宿对客人的关注和礼遇，凸显服务特色。

那么怎么体现前台接待环境的独特性呢？不同主题文化的民宿采用的表达方式各不相同，如江南风格的民宿，主人可在前厅最显眼之处挂上乾隆御赐牌匾的复制品（图2—4），呈现江南厚重的历史文化；东南亚地区特色的民宿因天气炎热，应提供清凉的花草茶；有的民宿在前台养了一只慵懒的猫，让客人感受到无处不在的生活气息。

有的民宿在前厅角落里展示印有民宿LOGO的特色伴手礼，如原生态无污染猕猴桃、有机高山茶、山庄自酿梅子酒、江南特色茧画等，既能推广营销民宿小商品又能展示地域特色，颇受客人喜爱（图2—5、图2—6）。

图2—4　前厅接待内部环境

图 2—5 前厅角落展示的伴手礼茧画

图 2—6 前厅角落展示的伴手礼茶叶

（二）网络接待环境

网络平台的普遍运用方便了现代人的出行，"无接触家庭民宿"受到了越来越多都市游客的青睐。客人通过订房平台选择心仪的民宿，民宿管家会致电客人，以微信方式进行沟通，确认入住事项。客人抵店前，管家应检查房间卫生、提前设置好房间大门密码并告知客人；客人入住以后，通过网络完成入住细节及相关服务、游玩细节。无接触服务民宿为客人提供周到、温馨、全私密空间服务，备受年轻人青睐。故网络畅通、环境整洁、物品齐备的房间是无接触服务民宿的基本环境要求。

二、确认当日客情

客人抵店当天，民宿管家需要再次确认客人信息，如抵达时间、交通方式（如乘坐飞机，是否需要接机）、是否需要订午（晚）餐、预订的房间数量有无变化，以及其他特殊要求等信息。其目的有以下几点：

(1) 提前与前台沟通排房，尽量满足客人的住宿要求；
(2) 提前与餐饮部沟通，安排客人餐食；
(3) 关注航班信息，核实客人抵达时间；
(4) 若有会议客人，管家提前与客房部联系，准备会议室需要的资料和设施；
(5) 提前沟通，安排好客人接下来几天的旅行计划。

三、房间准备

客人抵达民宿当日，民宿管家应再次检查客人即将入住房间的准备情况：卫生、安全、物品准备等。管家应提前开窗通风、熏香，避免室内异味；如是晚上应提前拉好窗帘、调好室内温度；遇到客人生日、结婚纪念日等特殊日子，管家可提前在客人房内放上精致的礼物，如一个生日蛋糕、一张手书贺卡、一瓶红酒……带给客人特殊惊喜，为客人留下美好的回忆，同时，管家要及时通知前台，不能为其他客人更换此房间。民宿有态度、有温度的服务，让客人有被关注的感受。

四、餐食准备

管家应提前与客人沟通到达时间，询问是否需要用餐，如需要则进一步了解客人的饮食习惯、有无忌口和过敏食物，若有儿童则需准备儿童餐。若客人抵达时间比较晚，应及时通知餐饮部，确保为可能错过饭点的客人准备可口的午餐/晚餐。

◎ 任务实训

为迎接远道而来的客人，民宿管家需要提前做好哪些接待准备工作？请讨论解决方案，并进行情景模拟展示，展示后进行评分（表2—8）。

表 2-8　实训评价

实训项目	项目要求	分值	得分
内容	解决方案科学合理	2	
	情景展示完整	2	
	有自己独特、新颖的观点	1	
语言表达	普通话标准、流畅	1	
	声情并茂，有感染力	1	
职业素养	举止有礼、符合行规	1	
	微笑，有亲和力	1	
	穿着打扮大方得体	1	
总分		10	

◎ 课后拓展

1. 思考讨论：民宿管家为客人到达做准备时，会遇到哪些困难？怎样解决这些困难？

2. 向你的朋友介绍你了解的民宿，介绍管家在接待客人入住时，有哪些礼遇？

◎ 设置情景

小燕的民宿即将迎接几位到访客人，办理入住手续时应该怎样体现民宿的热情温暖，让客人了解自家民宿的特色，服务中需要注意哪些细节？小燕认真思考着……

任务二
接待规范，介绍特色

◎ 任务描述

为了让客人产生"像回到温暖的家，见到久违的朋友，在远离喧嚣的庭院中，静享美好生活"的感觉，民宿管家在服务过程中，应细心观察客人，主动为客人提供预见性的服务。

◎ 任务要求

1. 了解民宿管家接待服务流程。
2. 了解引领客人进房，介绍房间特色的方式方法。
3. 了解民宿管家介绍的特色服务。

服务是一种输出性无形商品，包括功能性服务与心理服务。功能性服务能解决客人需求，给客人提供便利；心理性服务能让客人感到满意、有尊崇感。而特色服务是客栈民宿的卖点。服务具有时间性和空间性，贯穿于客人预订、入住、离开三个阶段。客人预订后，服务就正式开始，我们将分别从客人迎接服务—入住登记接待服务—引领入房、途中介绍—规范进房、介绍特色—介绍特色体验服务—客人信息整理六个环节详解服务细节。

一、客人迎接服务

（一）客人抵达前的准备

民宿管家再次与客人沟通到达时间、发送民宿地址、检查客房准备情况、准备迎接客人。

（二）客人自驾抵达时的服务

管家提前到达停车场等候客人。见面时，用亲切的称呼问候客人："张哥，旅途劳累辛苦了！欢迎下榻××民宿，我是您的贴身管家小王，请跟我来，现在为您办理入住手续。"根据预订单信息与客人核对人数、房间数、是否订餐等。如果客人定了午餐/晚餐，管家需及时与餐厅沟通备餐。

（三）管家初次见到客人时的服务

为了让客人感到温暖，管家要做好以下迎接服务细节。

1. 服务内容要具体化，把服务的内容进行整合后告知客人。
2. 旺季服务技巧：旺季时客人多要求也会很多，需要把客人的各种要求记在本子上，以防忘记或者遗漏，导致客人不满；同时根据轻重缓急一一解决。
3. 准确理解客人要求：及时与客人进行有效沟通，对客人提出的要求需理解到位，并针对性地去解决，避免因理解片面或者有误，导致服务不符合客人的要求的情况发生。
4. 不要把个性化服务当作标准化服务来做。

二、入住登记接待服务

（一）主动问候客人

前台管家应面带微笑注视客人，主动、热情地打招呼："张哥，一路辛苦了，等候多时了。"礼貌、真诚、亲切的问候体现民宿对客人的关心，带给客人回家般的温暖感觉。

（二）高效、准确办理入住手续

1. 客人已预订房间。

步骤一，查询预订信息："张哥您好，请问您的预订姓名/电话？——请稍等（查询预订），您预订的是……"与客人确认的预订内容，包括房型、间数、房价、是否包括早餐、居住时间等。

步骤二，请客人出示证件："张哥，麻烦您及家人出示有效证件，我为您们办理登记，谢谢……请在这个位置签字确认您的房价……张哥，如果您是自己开车来的，可以留下车牌号。如需存放贵重物品，房间有保险箱，您也可以存放到前台。"验证并登记客人身份信息后，将客人的有效证件交还，并请客人在登记单上签字确认。

步骤三，询问客人付款方式："张哥，您的房费是××元，您需支付押金××元，请问您是用现金还是刷卡？"有的客人房费已在网络支付，不用付押金，可免押入住。

步骤四，双手递送房卡："您的房间是×楼××号，这是您的房卡、押金收据、早餐券，早餐时间是7:00—10:00。贴身管家小王帮您把行李送到客房。如有任何要求，请随时联系前台。祝您居住愉快！"

民宿如有地方特色早餐，礼貌询问客人选择哪种类别，如面条、饵块、豆浆油条等；询问客人是否需要送餐以及确认送餐时间。

如果是私营民宿，民宿主人办理住宿登记后，应亲自帮客人运送行李。

2. 客人没有预订房间。

步骤一，介绍房型："张哥……（为客人介绍房型及房价），您更喜欢哪种房型呢？""建议你体验一下山景房，如何？"与客人最终确认房型及房价。

步骤二，按接待流程为客人办理入住手续。

二维码：民宿前台接待示例

三、引领入房、途中介绍

办理完入住手续，管家拿到房卡，帮助客人拿大件行李，微笑着告知客人：

"张哥，我带您们去房间，这边请。"并在途中简单介绍民宿环境、房间特色、客人入住期间能享受的相关服务。

（一）介绍民宿环境

利用进房前的一段路程，管家可以为客人介绍民宿的文化内涵、地理环境、园林景观。高端民宿往往紧邻风景名胜区或自然生态保护区，富含负氧离子，能让客人在青山绿水中得到真正的放松与享受。

（二）服务介绍

管家耐心与客人沟通、交流行程安排，向客人介绍入住期间可以享受的免费或部分收费服务（采摘、徒步游、绘画、诵读、观竹、茶艺棋道、亲子活动等），并确认客人是否有意愿参加及活动时间、人数等，管家做好相应的协调和安排。

二维码：民宿进房途中介绍示例

四、规范进房、介绍特色

民宿虽然是"非标准住宿"业，但管家为客人提供贴心服务的同时，一定要呈现规范的服务水准，确保客房私密空间的安全性，让客人安心和放心。

（一）进房规程

进房规程通常包括规范敲门进房、开灯、安放行李、介绍房间设施设备。具体可参考如下操作。

1. 敲门进房。不论房中有无客人，都应养成先敲门通报、等候客人回应、客人允许后再开门进房的职业习惯。

敲门通报的具体步骤及规范：站在距离房门约 1 米的地方，用食指或中指敲门三下，等候 3～5 秒，同时眼望窥视镜，以利于客人观察；若房内无反应，重复敲门；仍无反应，用房卡开门，确认客房属可售房后，再请客人进房。

2. 开灯。流程为：开门、插入房卡、开灯（白天则不用开灯）。若客人入住独栋小院，抵达时间较晚，管家应贴心地在房间及庭院留灯，让客人感受家的温馨。

3. 安放行李。将行李放在行李架上，或礼貌询问客人行李安放位置。

（二）介绍房间

每一家民宿都有自己独特的风格，房间是其文化、特色呈现的重要载体之一，管家引领客人进房间后应做适当的介绍，引导客人去感受。一般从三个方面进行介绍。

1. 特殊设备使用介绍：比如 Wi-Fi 密码、蓝牙音箱打开方式、天猫精灵功能，加热毛巾架的使用方法、冲浪浴盆的使用方法；除此之外，还需介绍卫生间里沐浴液、洗发液等用品的放置位置。

2. 房间特色介绍：这是介绍的重点部分，能有效唤起客人的认同。比如，红木家具营造的奢华中式风，柔软亲肤的丝绸浴袍，江南格调的特色拖鞋，管家当天从山涧采回的天然山泉水（图 2-7），管家精心为客人准备的精品茶叶（图 2-8），床头的复古宣纸留言本（图 2-9），可供客人品茗、赏风、听水、观星月、大口呼吸负氧离子的全玻阳台……

图 2-7　瓶装山泉水

图 2—8　古树茶包

图 2—9　床头的宣纸留言簿

3. 温馨提示：窗外溪水淙淙，提醒睡眠不好的客人晚上关窗；山区早晚温差较大、提醒客人注意防寒；偶有蚊虫访问，提醒客人关好纱门纱窗……

介绍时应注意选择介绍的内容、时间和方法，语言简洁、清晰、流畅、突出重点，不要过多地打扰客人。

（三）告别

客人旅途劳顿、需要休整，管家安顿好客人后应尽快告别，并针对性地做好后续服务。

1. 临近开餐时间抵达。

（1）如果客人预订了午餐或晚餐，管家应为客人预留休息时间（最终的休息时间由客人自己确定）；同时及时与餐厅联系，通知客人的抵达时间，确认客人的午餐/晚餐的准备情况。一切就绪，管家提前两分钟敲门，引领客人到餐厅用餐，并协助餐厅上菜。

（2）如果客人未订餐，管家应询问客人是否需要在民宿就餐，如果客人需要，按上述程序完成服务；如果客人不需要，则主动介绍附近的特色餐饮，并礼貌告别。

2. 客人在非开餐时段抵达，管家可以先带客人参观民宿，留给餐厅准备食物的时间，同时与餐厅确认午（晚）餐用餐客人人数、时间。

3. 客人抵达时间较晚，管家应礼貌地告别，或根据实际情况向客人推荐一些休闲活动："张哥，你们一路辛苦了，好好休息。晚上 8：00 大厅有一场特别的音乐会，可以去感受一下。明天早上 9：00 我带大家到附近走走。有什么需要随时微信联系，好梦！"

五、介绍特色体验服务

为吸引游客，成功的民宿会提供各种特色体验服务菜单，体验主题一般与地域特色息息相关。

（一）特色服务菜单的选择应遵循三个原则

1. 尊重客人意愿，不强制其参加。
2. 凸显民宿自身特色，如表 2—9 中的"店内服务项目"。
3. 紧密结合当地民风民俗文化，如表 2—9 中右的"店外服务项目"。

表 2-9　民宿特色体验服务菜单

店内服务项目	店外服务项目
1. 动手做陶艺品、手工扎染、插花 2. 绘画、剪纸 3. 烘焙大师（制作蛋糕、披萨等） 4. 厨艺体验（磨豆腐、做寿司） 5. 露天烧烤 6. 茶艺、棋道 7. 禅修（抄经书）、音钵钵疗 8. 温泉 9. 健康休闲体育（健身、瑜伽、太极）	1. 看日出 2. 喂羊 3. 采摘蔬果 4. 观赏萤火虫 5. 森林徒步 6. 垂钓

（二）介绍技巧

1. 注意介绍的场合。在显眼处展示活动菜单，让客人自己发现、咨询是最佳方式；也可选择客人用餐即将结束时、客人品茶休闲时、微信沟通时进行介绍，切忌随时随地推销，引起客人反感。

2. 根据民宿主人题风格，有针对性地介绍。比如，乡村民宿强调日出、喂羊、采摘蔬果、观赏萤火虫等自然体验，让客人体验乡村生活的惬意，这几项活动可以归纳为一个主题体验项目供客人体验。精品型民宿重视能让客人放松心情和疗愈性的心灵体验。目前音钵钵疗成为风靡世界的音乐理疗，其方法为通过敲击或摩擦让金属钵发出空灵通透的声音，传递到身心深处，让人静心冥想、进入舒缓状态。民宿以特色体验活动吸引客人，管家与客人如朋友般交流，这些都能让客人感受来自民宿特别的礼遇。

3. 敲定细节。管家需要询问客人是否参加定制活动；说明活动内容、时间、地点、人数限制、是否收费以及费用多少，方便客人做出选择。比如，有机猕猴桃采摘体验，每人采摘两斤内免费、其余按市场价支付。所有细节均需一一确定。

（三）内部沟通协调

为确保体验活动顺利进行，管家应及时与民宿各部门沟通协调，落实活动具体事项，如地点、人数、交通方式、往返时间、随行人员、线路安排、客人返回民宿就餐时间等。有的活动需提前为客人准备果盘、饮品、活动所需材料。

六、客人信息整理

一名好的管家一定要善于收集、记录、整理客人的相关信息,为更好的个性化服务提供参考依据,同时也为后续产品营销做好准备。通常需要整理的资料可分为以下两类。

1. 当次服务参考信息。这类信息包括客人的进餐要求、出游需求、购物愿望、一些特殊需求,甚至一些小小的不满……客人提出需求后一定要及时解决、满足客人需求,提高客人体验感和满意度。

2. 永久性服务信息。客人的性别、年龄、住址、电话、微信、特殊爱好、忌口、消费水平、工作性质等都是永久性的参考信息,需要管家尽量详细地记录下来,为后续推销及服务提供最直接的参考依据。

至此,才算走完一个完整的入住接待规程。细节,是管家服务务必关注的焦点;特色体验是民宿的亮点,使民宿具有无可替代的吸引力。

◎ 任务实训

小燕基本了解了民宿管家的职责和接待流程,但管家在实际接待工作中会遇到一些意想不到的突发性事件,你能帮助小燕找到解决问题的办法吗?

活动:分小组情景模拟客人到店接待流程,结束后评分(表2-10)。

表2-10 实训评价

实训项目	项目要求	分值	得分
情景模拟	具有代表性、符合客观实际	2	
	步骤完整	2	
	准备充分	1	
语言表达	普通话标准、流畅	1	
	声情并茂、有感染力	1	
职业素养	举止有礼、处理得当	1	
	微笑、有亲和力	1	
	穿着打扮大方得体	1	
总分		10	

◎ 课后拓展

1. 民宿管家在接待客人时，应怎样向客人进行介绍？

2. 分小组模拟客人到店时的接待流程。

3. 尝试为客人介绍民宿体验项目，围绕客人选择的体验项目做好民宿内部人员沟通安排。

◎ 知识链接

问候客人的礼仪

民宿管家问候客人的时候要礼貌、真诚，并显示出对他们需求的关心，这样能显示民宿随时准备为客人提供优质服务，从而让客人留下良好的印象。这会使客人有宾至如归的感觉，为能入住这家民宿而感到荣幸（表2—11）。

表2—11 问候客人的礼仪

做什么	怎么做
问候客人	1. 员工需采用如下语言和客人打招呼 a. "早上/下午/晚上好，张哥。" b. "您今天玩得满意吗？" 2. 向客人打招呼：距客人10步时，保持微笑和目光接触；距客人5步时，问候客人 3. 员工在和客人搭乘同一部电梯时需让客人先走 4. 员工需保持友善的肢体语言以及面部表情，以代表民宿形象 5. 微笑是和客人以及同事打招呼的一部分，所有的问候都需要发自内心

项目三　　在店服务体验

住宿是民宿体验中最根本的项目。但现代民宿体验应是多元化的,民宿管家应尽力引导客人了解和尝试民宿的其他产品,如特色餐饮、特色活动等,带给客人与众不同的体验。

> 学习目标

1. 了解民宿客房氛围营造要素及要求。
2. 了解民宿房间类型。
3. 了解客人住店期间针对性服务。
4. 了解民宿清洁安全标准。
5. 了解民宿餐厅的设计原则，理解餐饮服务质量的控制。
6. 了解餐厅菜单的内容。
7. 理解民宿餐厅的服务内容及要求，掌握对客服务流程。
8. 能够掌握为客人提供在店休闲娱乐服务的基本服务流程和技巧。
9. 能够设计组织具有本店特色的主题活动。
10. 能够为住店客人介绍本地主要旅游资源和周边特色。

◎ 设置情景

放暑假了，小梅决定和家人外出旅游。这几天她在查找资料预订客房，这次出行是住酒店，还是住民宿好呢？我们尝试给小梅同学简单介绍一下民宿内外环境、房间类型及细节、主题装饰布置等情况。

任务一
民宿体验，心怡之房

◎ 任务描述

民宿以住宿体验为核心，因此民宿装修将客房作为重中之重，细节无处不体现着主人的情怀。民宿管家需要扮演民宿主人的角色，重视对客服务及房间的品质，为客人提供个性化的服务，提高民宿住宿客人的满意度。让我们一起来感受和领略一下民宿的客房服务吧！

◎ 任务要求

1. 了解民宿客房主题装饰布置的基本方法。
2. 了解民宿房间类型。
3. 了解客人住店期间对其提供的针对性服务。

客房是民宿最核心的产品。什么样的房间才能吸引客人、提高客人的满意度呢？

一、民宿客房氛围营造

"日图三餐、夜图一宿"，客人选择民宿最本能的动机是其与众不同的住宿体验，因此民宿房间的装饰装潢、氛围营造至关重要。

（一）巧用落地窗、借景大自然

民宿客房最好采用全玻璃落地窗，窗外宜人的风景收入房内，能让客人瞬间感受到远离城市喧嚣的轻松。针对这类民宿房间，可在窗前设一间茶室，摆几张朴实柔软的坐垫，家具和地板最好以自然原木风格为主，再摆上松软厚实的大床，客人置身其中，定会感到轻松惬意。

（二）装饰布置、凸显特色

民宿房间的装饰不一定奢华，干净整洁是第一要素，特色装饰至关重要。哪怕直接呈现民宿最质朴、最原始的结构，也会让人们倍感清新。

（三）关注需求、提高体验

客人需求满足程度与客人满意度成正比，故房间氛围营造一定要建立在充分尊重、真心体贴客人的前提之下。以下原则值得重视。

1. 房型设计要凸显"家庭温馨"。选择民宿的客人大多是家庭出游，一般80%以上会选择大床房或稍微大点的家庭房（夫妇的大床加一个小孩子的床）。这类房间一般是民宿中最贵的，配置也是最高的。设计时应更多考虑便利性，如带小厨房等，以满足带小孩住客的需求。

2. 房间风格强调"主题性"和"特色性",如卫生间可以不拘一格,放在房内、外任何觉得合理的地方(当然要保证其私密性),出其不意的独特设计可以引起客人强烈的入住和体验愿望。

3. 确保品质、提高满意度。所谓满意度是消费者购买商品或使用服务前的期望,与实际使用商品或体验服务后所得到的实际感受的差距认知。实际体验与预期一致,客人将得到满足;实际体验不如预期,客人将不满足。这样的心理长久下来会让客人对民宿产品(或服务)产生一种持续性的态度,进而影响其日后的复购意愿。故民宿不能本末倒置,为"特色"而轻视房内设施、设备及管家服务的品质,切记"品质"是氛围营造最重要的保证。民宿氛围营造时,一定从体验者角度出发,注重民宿房间基本设施的品质、提高满意度。民宿可自制满意度调查表(表2-12),让客人填写,这样能随时了解客人对民宿的满意度,以便及时改进工作中的不足。

表2-12 客人对民宿客房设施满意度调查

满意度调查基本项目		重视程度 (1~10分)	满意程度 (1~10分)
住宿设施	1 写字台及个人电脑接线插座		
	2 阅读照明设备足够		
	3 客房内有充足的插座		
	4 提供110及220伏特两种电流装置		
	5 宽带无线网络(免费Wi-Fi)		
	6 提供餐厅及咖啡厅设施		
	7 完善的休闲设施(如温泉、卡拉OK、烤肉区)		
辅助设施	8 液晶电视机		
	9 独立淋浴间		
	10 浴缸		
客房核心设施	11 睡床舒适度		
	12 床上用品质量(包括床单、羽绒被、枕头)		
	13 客房独立空调控温装置		

续表2-12

满意度调查基本项目		重视程度(1～10分)	满意程度(1～10分)
环境景观	14 民宿室内装潢的独特性		
	15 提供免费停车场		
	16 房间视野良好		
基本特征	17 民宿周边及民宿到景点交通便利		
	18 民宿收费价格合理		

二、民宿房间类型

民宿越来越注重休闲度假属性，为住客打造一个远离都市喧嚣的休憩空间。这是一种生活形态和生活理念的输出，注重体验式的环境营造。为方便客人住宿，民宿房间基本功能布置渐趋标准化。

根据空间结构特点，目前民宿客房主要类型有：中式（日式）温泉别院、家庭亲子房、庭院房、海景房、LOFT现代风格房等；根据房间功能可分为大床房、双床间、套房等房型，迎合了不同旅游客群的居住需求。

（一）中式（日式）温泉别院

中式（日式）温泉别院内（图2-10），一般设有供客人泡温泉用的私密空间（图2-11），房间内备有雨伞、书桌、多种规格的电源插座、房内保险柜、空调、闹钟、针线包、遮光窗帘、电子秤、白鹅绒被及床上用品，全屋有免费Wi-Fi覆盖（图2-12）。

图 2—10 庭院环境

图 2—11 温泉房外部

图 2—12　温泉房内部

一盏银耳汤，一盒小食，管家手书几句温暖的话，这些留在民宿房间里的人文情怀，会让客人感受到温馨氛围。

(二) 亲子房

越来越多的人选择带孩子一起出游，房间中设有专门的儿童房，或者家庭房中有儿童床、婴儿床和婴儿用品的房型颇受欢迎。一些民宿有专门针对亲子游家庭设计的房型，其中有很多针对孩子的设计，如专门为小孩设计更低的洗手台，准备卡通版牙刷、拖鞋、浴袍、床上用品以及玩具书籍，提高儿童居住的舒适度（图 2—13）。

图 2—13　家庭亲子房

（三）庭院房

庭院房（图 2—14）大多采用原木装饰，坐落在远离喧嚣的"世外桃源"，但房内设施设备齐全（图 2—15、图 2—16），客人可在园中品茶、发呆，享受轻松、悠闲的生活。

图 2—14　庭院房外部

图 2—15　中式庭院房内部

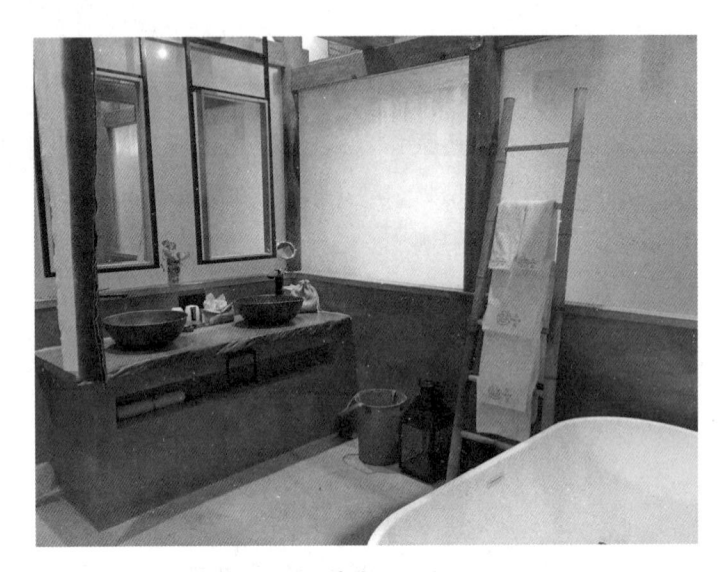

图 2—16　中式庭院房卫生间

(四) LOFT 现代风格房

目前"80 后""90 后"更关注这类民宿。情侣、兄弟、闺蜜、家人等不同的旅游客群，都能找到中意的房型。LOFT 房间的布局很有特色，有工业风格、摇滚风格、地中海风格等，LOFT 房型的空间可以展现更多的可能性（图 2—17）。

图 2—17　LOFT 现代风格房

（五）家庭式民宿

近年来，家庭式民宿悄然兴起，客人入住期间能享受整套民宿的客厅、厨房、卫生间、客房区域，产生真正意义上"家的感受"。家庭式民宿在细节方面更加注重客人的体验感。比如，厨房配置全套厨具、微波炉、电冰箱、热水壶等；卫生间提供全新毛巾、一次性牙刷、洗护用品、全自动洗衣机、烘干机等。这类家庭式民宿一般设计简约、干净整洁，民宿品质和洁净度较高，让客人住得舒适舒心。

（六）海景房

靠海的民宿可以利用临海优势，营造可以观赏大海的房间，让客人感受"面朝大海、春暖花开"的浪漫情怀（图2—18）。

图2—18　海景房

二维码：民宿房间介绍示例

三、客人住店期间的针对性服务

对客服务工作是构成客房产品的重要因素。民宿对客服务工作主要是指民宿管家面对面为客人提供各种贴心、周到的服务，满足客人提出的各种符合情理的要求。管家应对住店客人特别关注，详细沟通，为客人提供个性化、贴心而有温度的服务。

1. 客人生日、纪念日。

民宿管家为了给住店客人创造惊喜，通常会向客人赠送小礼物，让客人感受到关注和重视，并记录客户档案。选择的礼品可以是水果、酒或一枝鲜花。

（1）如果客人在民宿期间正好遇到一些特殊时间，比如生日、结婚纪念日等，管家应该尽力让这个场合变得特别一些，如准备一张手书的生日卡、生日蛋糕，或是周年纪念日的红酒、香槟、巧克力饮品等比较恰当的礼物。

（2）民宿管家应在客人到达前将礼品放置到客人房间，与前台及时交流，保证这位客人不会与其他客人换房。

（3）如果客人正准备离店，可准备一份民宿的特产代替生日蛋糕。

（4）如客人不喜欢民宿赠送的礼物，可以询问客人喜好，用其他礼品替换。赠送的礼品要符合当时的场合，才能让客人满意。

2. 客人要求更换特色夜宵。

当住店客人提出需求，希望更换每日的夜宵，品尝当地特色小吃。管家应如何回应，才既能体现其待客礼貌，又能体现其快速有效的服务水准？

（1）管家应及时了解客人更换夜宵的原因。

如果是因为食物不符合客人口味，可向客人介绍民宿夜宵品种，确认其喜欢的类型、份数，以及更换时间；及时与餐饮管家协调，满足客人需求。

如果是因为食物品种单一，可通知餐饮管家及时更换夜宵品种，告知客人夜宵品种更替时间。

（2）尽量与餐厅协调，并告知客人处理结果，尽量达到客人预期。如无法满足，可征求客人意见，替换为水果或饮品。

（3）注意祝词的使用，如一句"张哥，有什么需要请随时告诉我。祝您有一个愉快的夜晚。"便能为客人送去温暖。

3. 问候客人。

客人期望入住民宿期间民宿管家能关注自己的感受，并与民宿管家零距离沟通。所以民宿管家在客人住店期间，应更多地去关心客人，关注客人的住宿体验。

（1）礼貌电话/微信问候客人。

民宿管家应在约定的时间跟客人电话或微信交流，礼貌地做自我介绍，向客人问候："您好，张哥，我是您的私人管家小王，昨晚睡得舒服吗？您对我们民宿房间用品感觉满意吗？"

（2）问候生病的客人。

民宿管家如果知道客人身体不太舒服，应主动关心，让客人感受到家的温暖："张哥，下午您不舒服，吃了药好些了吗，需要开车送您去医院吗？希望您能尽快康复。"

4. 处理客人投诉。

如果民宿在服务态度、设施设备、管理质量、异常事件处理等方面，被住店客人投诉。客人一定希望民宿管家能准确、快速地处理自己的投诉，做出妥当、体贴的反应。处理客人投诉的程序如下。

（1）收到投诉时的反应。

管家应及时了解原因，真诚向客人道歉，表现出对客人利益的关注："张哥，不好意思，是我疏忽大意了。"

（2）仔细聆听并理解问题。

管家应询问、记录客人不满意的相关描述和细节，尽可能描述完整。用礼貌的方式处理投诉，体现出服务的高标准。

（3）阐明细节，总结问题。

管家应简洁、清楚地总结问题，并且向客人复述、确认问题的准确性："张哥，你看是这几件事情需要马上解决吗？……还有补充吗？"

（4）提供解决方法。

一些小的投诉，管家通过跟进、补偿可以直接处理。尽快解决问题能得到客人的赞赏并且避免更多的不满。

（5）跟进、记录投诉。

对于暂时不能马上解决的问题，管家应请求客人给予一定的时间，寻求主管或店长帮助；及时告知客人处理结果，确保进一步的跟进处理；把投诉记录下来,在系统中更新客人备注作为今后的参考。

当然,民宿的管家工作内容远远不止这些,还有处理客人特殊要求、服务残疾人、帮客人代购商品、提供VIP客人接送服务等,无法一一罗列。客人类型形形色色,想要满足客人的多元需求,需要管家在日常工作中不断积累经验,练就细心耐心、主动热情、周到灵活的服务品质,急客人之所急、想客人之所想,才能为客人提供个性化服务,塑造有特色、有温度的管家服务品牌。

◎ 任务实训

活动一:按照客房清扫顺序,完成民宿住客房及空房清扫任务,并进行考核,完成表2—13、表2—14。

民宿住客房及空房清扫实训

表2—13 清洁整理住客房评价

操作流程	操作标准	成绩考核			
		优	良	合格	不合格
服务准备	按工作任务规范开班前例会; 按规范领取钥匙等相关用品用具; 按规范准备并整理房务工作车; 核实房态; 确定清洁整理顺序				
规范进房	符合敲门进房的规范标准				
整理卧室	按规范流程合理地进行清洁整理; 正确选择并使用清洁用具; 按正确的方法整理客人私人物品				
中式铺床	一次开单到位,床单正面朝上、中线居中; 包边、包角紧致平整,包角样式统一; 被套一次打开到位,被芯四角充实平整; 床面平整、床单、被套、枕套三条中线合一; 不跪床、不绕床头				
添补客用物品	按规范配置进行添补,物品摆放到位				

续表2-13

操作流程	操作标准	成绩考核			
		优	良	合格	不合格
清洁卫生间	操作流程规范合理； 正确选择并使用清洁用具				
总评	□优秀　　　　□良好　　　　□基本掌握					
自我评价：					
教师建议：					

表 2-14　清洁整理空房评价

操作流程	操作标准	成绩考核			
		优	良	合格	不合格
服务准备	按工作任务规范开班前例会； 按规范领取钥匙等相关用品用具； 按规范准备并整理房务工作车； 核实房态； 确定清洁整理顺序				
整理卧室	按规范流程合理地进行清洁整理； 正确选择并使用清洁用具； 检查房内有无异常				
添补客用物品	按规范配置进行添补，物品摆放到位				
清洁卫生间	操作流程规范合理； 正确选择并使用清洁用具				
总评	□优秀　　　　□良好　　　　□基本掌握					
自我评价：					
教师建议：					

活动二：民宿房间还可以关注哪些细节，以体现人文情怀及文化内涵？分小组讨论后由小组代表阐述，最后进行评分（表2-15）。

表 2-15 实训评价

实训项目	项目要求	分值	得分
内容	举例有代表性	2	
	符合客观实际	1	
	能解决客人的实际问题	2	
语言表达	普通话标准、流畅	1	
	声情并茂、有感染力	1	
职业素养	举止有礼、符合行规	1	
	微笑,有亲和力	1	
	穿着打扮大方得体	1	
总分		10	

◎ 课后拓展

想一想,为客人打扫房间的时候,哪些垃圾是不能丢弃的,该怎样处理?

◎ 知识链接

一、民宿客房管家岗位职责

1. 遵守民宿的各项规章制度和服务规范。

2. 按标准要求清扫整理客房和楼层相关区域,为客人提供干净安全的客房环境,满足客人的服务需求。

3. 按标准操作流程和规定使用清洁工具整理清扫客房,及时补充客人所需的各类物品,及时向管家通报客人入住及退房时间、客用消耗品库存情况、维修情况。

4. 做好交接班工作,交清房态,交清当班事项,负责客人遗留物品的登记、保管和上缴,不得私自扣留。

5. 做好设施设备的日常保养,发现设施设备的故障和损坏,及时汇报店长。

正确掌握客房各类电器的使用方法，为客人提供讲解服务。

6.树立安全防范意识，发现可疑的人和事，立即报告。熟知民宿"突发事件应急预案"，出现紧急情况按规定要求处理。

二、民宿客房布草规格（表2—16）

表2—16 民宿客房布草规格清单

名称	规格
床单	300×290 240×260 280×290 220×290（cm）
被套	280×245（+5） 170×215（+5） 260×245（+5） 200×245（+5）（cm）
羽绒冬被芯	270×240 165×210 250×240 190×240（cm）
羽丝夏被芯	270×240 165×210 250×240 190×240（cm）
外枕套	53×84（+5）（cm）
内枕套	50×80（cm）
羽绒枕芯	50×80（cm）
羽丝枕芯	50×80（cm）
荞麦枕芯	50×80（cm）
浴袍（厚）	130（cm）
浴袍（薄）	130（cm）
方巾	33×33（cm），70g
面巾	40×80（cm），200g
浴巾	90×180（cm），1100g
地巾	50×80（cm），450g
长毛地垫	50×90（cm），1000g
晚安巾	48×86（cm）
吹风机袋	29×23（cm）

◎ 设置情景

穿过圆形拱门,沿着石板路向前,"江南私厨"四个大字映入眼帘。推开厚重的木门,厅内摆放着别具一格的七星灶、八仙桌、木质长凳,充满江南气息,让人不禁感叹:不是江南胜似江南!这就是都江堰市虹口江南忆庄园的民宿餐厅,您是否也想在这如画的美景里品尝美食呢?

任务二
用心服务,心悦之餐

◎ 任务描述

民宿餐厅和星级酒店不同,它没有固定不变的服务流程,有的是朋友相处的融洽和贴心暖胃的餐食;餐饮的食材也不是集中采购的,大多是来自当地,甚至就是民宿主人自家农田里种的蔬菜、散养的鸡鸭、水库的鱼、自家酿的酒,等等。让我们一起来感受一下民宿的餐饮服务吧!

◎ 任务要求

1. 了解民宿餐厅的布置,理解餐饮服务质量的控制。
2. 了解餐厅菜单的种类。
3. 理解民宿餐厅的服务内容及要求,掌握对客服务流程。

越来越多的人喜欢民宿,渴望在这里听花开的声音、看花绽放的娇颜、感受花谢花飞的寂寞之美;在这里充分享受轻松温暖的氛围,拥有从容淡定的心境,在悠然的慢时光中享受生活、感悟生命。在这么美丽而又充满意境的地方,餐厅的布置应与之匹配,充满格调。

一、餐厅的布置

(一)理念新颖、风格独特

现代民宿越来越注重潮流设计新理念与主题文化的有机结合,突出民宿经营的主体性和个性,满足客人对物质和精神的需求。所以餐厅的布置要体现"简洁舒适即是豪华"之理念,通过巧妙的几何造型、主体色彩的运用、富有节奏感的"目的性照明"等方式,烘托营造简洁、明快、亮丽的装饰风格和方便、舒适、有特色的经营主题。

  以都江堰市虹口乡江南忆庄园为例,其餐厅整体布置突出中式风格和江南文化元素。入口处的屏风将客人分流两侧;古式宫灯悬挂于房顶大梁两侧,线条简朴,给人简约古雅的感觉;墙面留白处,大幅江南水乡图让客人恍如用餐于悠悠浪漫水乡;厅内厚重的木质八仙桌方方正正、规规矩矩,代表"方正吉祥",再放上与之匹配的条凳,营造浓郁复古感;旁边的条案形状窄长,靠墙而立,用作备餐台,既方便服务又不占地方,与四周环境相融合(图2—19)。

图2—19　民宿餐厅主题设计

（二）布局合理、强调整体性

餐厅要紧紧围绕民宿的市场定位、产品特点、功能布局、服务流程设计、管理模式、配套的隐蔽设施等进行整体布局，所有物品配置的规格、档次、颜色、款式等要与主题风格一致（图2—20、图2—21）。

图2—20 民宿餐厅整体布局

图2—21 民宿餐厅个体布局

（三）绿色环保、健康饮食

随着人民生活水平不断提高，人们开始更多地追求安全健康，故绿色环保、营养健康成为民宿餐饮的新时尚。餐饮食材和家具建材的选择应侧重于生态自然，整体环境干净整洁，食材新鲜美味，可以给游客留下好印象（图2—22）。

图2—22 民宿餐厅环保食材

（四）合理性与审美性兼顾

作为一个整体，餐厅的空间布局对顾客要具有吸引力，让顾客感受到餐厅环境的艺术性和审美性，让客人愿意留在这个环境就餐；餐厅的布置要考虑空间活动的合理性，留出客人行走的活动空间和提供服务的活动空间（图2—23）。

图2—23 民宿餐厅环境里的活动区域

二、菜单的类型

客人在舒适的客房中一夜好眠,迎来充满朝气的清晨,享用丰盛而美味的早餐后,开始乡村田园或城市漫步之旅。美美的一天结束后,有的民宿客人会选择回到民宿,与主人共同享用温馨的晚餐。这就要求民宿主人特别用心地准备。

(一)早餐菜单

民宿餐厅早餐的食材一般会用当地农田里的应季蔬果,早餐丰盛,摆盘漂亮。考虑到经常有客人连续住好几天,一般以定食为主,通常准备 2~3 个套餐,进行轮流更换。搭配原则以主食+配食+饮料为主(图 2—24)。

图 2—24 江南忆早餐套餐食品

（二）午、晚餐菜单

各地民宿的餐饮文化、特色及饮食习惯等都会有所不同，也就产生了各种不同形式的菜单，但菜单的基本结构还是类似的，如品名、价格等。菜单的划分标准和种类很多，下面以常见的中餐零点及套餐为例进行讲述。

1. 零点菜单。

午、晚餐基本以炒菜＋汤＋主食为主，食材尽量选择当地的土特产品，保留食品的淳朴味道。

2. 定制套餐。

人数大于5人，可提前预订套餐，主要包括冷菜与热菜、特色饮品，食材多数选择比较常见且具有当地特色的食物（图2—25）。

图2—25　民宿餐厅特色菜品定制菜单

民以食为天，对美食的追求是每个人的共同爱好，人们可以为了吃相聚在一起，也会因为食物好吃、好看、特别而爱上一家民宿。

三、用心的服务

客人去餐厅就餐，落座时有的餐厅会端来免费茶水，有的是一杯白开水，有的是一杯柠檬水，有的却什么也不给，端给顾客的任何水都需要收钱。区区"水事"，餐厅也许觉得是小事情，但客人心里的感受却大不一样。

白开水和柠檬水在成本上差别不大，但如果在炎热的夏天，一杯冰冰的、酸酸的柠檬水，用干净精致的玻璃杯盛上端给客人，客人的感觉当然要好一些。要知道，除了菜品本身，服务是人们选择民宿最重要的因素之一。

(一) 餐前沟通至关重要

美国石油大王洛克菲勒说："假如人际沟通能力也是同糖或咖啡一样的商品的话，我愿意付出比太阳底下任何东西都珍贵的价格来购买这种能力。"可见沟通是多么的重要。在餐饮服务中，有效的沟通更是管家和客人之间建立良好关系，增进相互信任，明确客人需求的关键。

民宿客人每天的行程安排是不一样的，可以倚窗看景、品茶赏花，可以呼朋唤友、聊天拍照，还可以利用白天时间去周边景点游玩。因此民宿主人一般不为客人准备午、晚餐，如需用餐需要提前预约。

1. 零餐沟通。

为了满足客人的个性需求、提供具有针对性的餐饮服务，民宿管家通常在客人入住时就会提前向客人介绍民宿的餐饮特色、询问客人是否用餐，所以民宿的餐饮服务是管家根据客人需求、进行有效沟通后，提前订好所需餐食。沟通基本流程如下。

(1) 沟通并记录客人订餐的日期、时间、人数、餐标、有无特殊要求。

(2) 根据客人需求，预留座位或包间，留下客人联系方式（电话号码或微信）。

(3) 如遇客人订餐时间或地点与其他预订有冲突，立即联系客人，商议改期或更换地点。

(4) 开餐前半小时打电话提醒客人就餐时间，也就是再次确认订餐有效。

(5) 事先在约定的地点等候客人，并引领客人到就餐地点。

2. 订餐沟通。

有些民宿尤其是距离城市较远、不太方便就餐的民宿，房费中通常包含了早餐和菜品相对固定的午餐或晚餐，管家应在头一天和客人沟通，询问客人是否在店内用餐，早餐、午餐、晚餐是否均需要。确认客人的具体用餐时间、用餐人数、特殊需求等，确定后才通知餐厅为客人准备相应的食材。当然，食材应尽量选择当地当季的特色菜，加上主厨绝妙的手艺，照顾好客人的口味，这样精心烹制出的美食也是让客人爱上民宿的原因之一。

(二) 餐厅服务基本流程

相对酒店而言,民宿餐厅的菜肴品种可能会少一些,但这并不代表菜品质量和服务质量不高,相反,民宿比酒店更多了一些家庭氛围和个性。

1. 早餐服务。

目前,大部分民宿房费中均包含早餐,一般是自助餐,既有本地特色食品,也有其他常见食品,会考虑到不同地域客人的口味。有的民宿提供固定餐食,也就是客人不需要点餐,而是由民宿统一安排,有什么吃什么,这也仿佛形成了另一种特色,给客人带来一些神秘感。由于这种固定餐食具有不确定性,无法一一举例说明,所以以自助早餐为例进行介绍。

九宫格早餐,以精巧、固定的方式为住客提供。

(1) 餐前准备工作。

①清洁餐厅各区域,如吧台、椅子等,按餐厅要求摆台。②准备好早餐饮料。③准备冷、热食品,按规定位置摆放。④准备好加热食物的燃气炉和布菲炉,完成餐前准备工作(图2—26)。

图2—26 备齐餐厅用品

(2) 用餐服务。

早餐以自助餐为主,要求速度快。

客人进入餐厅,管家主动、热情上前问候:"早上好!昨晚睡得好吗?请到这边取餐。"并为客人指示取餐位置，提醒其保管好随身物品。如果有餐厅特色餐食，应主动为客人介绍。

待客人取餐后，引领客人至餐桌用餐，并祝："请慢用！有什么需要随时叫我。用餐愉快哦！"

客人用餐期间应随时撤去脏盘，以保持台面清洁；随时补充干净杯盘，为客人提供临时性服务。

民宿早餐通常含在房费中，不需额外付费，但是也会有例外，比如客人就餐时点了自助餐以外的菜品或酒水饮料，在用餐完毕后就需要到吧台核对账单并结账。结账方式可以刷银行卡、扫二维码或现金支付。

最后，餐厅服务员收台，更换新台布，重新摆台。

2. 中餐零点午、晚餐服务。

民宿餐厅所处的地理位置的不同，各自有各自的特色，南北方、东西方各有不同的饮食习惯，不能一一为大家做介绍，这里以中餐零点午、晚餐为例，详细说明服务程序（仅供参考）。

第一部分　开餐前的准备工作

（1）服务员的工作内容：①清洁整理，确保餐厅各区域整洁卫生；②擦拭各种餐具、茶酒具和服务用具；③清点和更换台布、餐巾等；④根据民宿要求摆设台面，叠出充足的餐巾花；⑤领取每日餐厅开餐所用酒水及必需品并放置在规定的位置；⑥准备小毛巾、洗手盅以备客人用餐过程中的特殊需要；⑦准备冰水及冰桶。

（2）餐前检查。开餐前管家协助餐厅服务人员检查各项准备工作，具体内容有：①检查餐厅卫生情况，如有问题及时与服务员取得联系；②检查各种设施、设备是否保持良好；③检查餐厅的各种摆设是否布置妥当，餐桌上的鲜花是否齐备；④检查备餐柜中的餐具是否准备充足、完好无缺并清洁干净；⑤检查开餐时使用的各种酱料是否准备好，盛放容器是否清洁；⑥检查冰水饮料是否充足并达到规定的温度标准；⑦检查餐桌上的餐具有无破损，摆放位置是否正确，转台是否清洁；⑧检查用过的布草送至洗衣房后，清洁的布草是否已经取回，能否保证需要；⑨检查各种服务用具是否准备妥当。

（3）每日餐前会：①检查个人仪容仪表；②介绍当日餐厅接待工作内容、有无特殊客人（如 VIP）要求，根据客情进行合理的人员分工；③介绍当日供应的菜品，如有无海鲜供应，蔬菜的品种，每日例汤，特色菜以及当日的短缺品。

第二部分　午、晚餐用餐服务流程

（1）引位入座。管家按约定时间接待并引领客人走进餐厅，根据客人的喜好为其安排餐厅适当的座位，拉椅让座；递上当日菜单及酒水单，请客人确认。

（2）递香巾、免洗手液。待客人坐定后，递上香巾和免洗洗手液。注意提醒客人香巾温度："您好，请用香巾，小心烫手。另外为您们准备了免洗洗手液，可以放心使用！"

（3）铺餐巾、撤筷套、撤香巾。在客人擦手的同时，从右侧为其铺餐巾或将餐巾压在餐盘下，同时撤去筷套，然后为客人撤下使用过的香巾。这个过程要求动作顺畅，以减少对客人的打扰。

（4）点酒水、饮料。客人确定酒水和饮料后，立即取回酒水，从主宾右侧开始，顺时针斟倒。可以给客人推荐民宿本地或特制的酒水，如自家酿制的土酒，并介绍制酒方法、特色、口感、适合饮用人群等；如果客人点红葡萄酒，应按照规范的红酒服务程序，从取酒、开瓶、试瓶确认后（主人试酒），再按照主宾、主人、其他客人的顺序依次斟倒；如同时点有白酒、葡萄酒、啤酒、饮料，应先倒白酒，其次啤酒、葡萄酒（葡萄酒需要醒酒），最后饮料。

（5）帮助客人点菜并下单。客人看完菜单后，管家或餐厅服务员应主动为其介绍菜品的名称、特点、烹饪方法及口感，并推荐本店当季特色菜品，考虑到客人的用餐人数、用餐的季节（如夏季推荐清淡爽口的食物，冬季推荐暖胃驱寒的食物）、口味等为其提出恰当的建议，帮助客人确认菜单。如果出现客人对食物难以选择的时候，可以为客人推荐套餐产品。因为套餐的搭配通常都经过反复地推敲，在特色的菜品、营养的搭配、口味等方面为客人考虑得很周到。当然，管家为客人点菜也可以提前到前一日的对客沟通中，这样客人一到餐厅就可以很快地享用美食。

客人定单后，服务员应将点菜单迅速送至厨房并将客人特殊要求写在点菜单上，尽可能地满足客人的要求。现在很多餐厅已经开始使用电子点单或微信点单，一定要在下单前再次向客人确认，以免出错。

（6）上菜及席间服务。

上菜时：服务员要对餐桌上的用具摆位进行调整，留出足够的空位，然后送菜上台；上汤或主食前应就台上分或台下分征询客人意见，决定服务的形式；进食虾、蟹等带壳的食物和其他需用手的食物时，服务员需要同步送上洗手盅及毛巾。

客人进餐中：服务员要留意上菜的秩序和快慢，及时与厨房取得联系并随时撤换骨碟餐盘；随时为客人添加酒水或饮料，直至客人示意不要为止，客人确认不要酒水后，应将空杯撤下；随时更换烟缸；待客人用毕菜肴主食后，服务员需撤走骨盘、碗、筷子等，留烟缸、酒杯于台面；如果客人对食品有不满意的地方，服务员应及时报告管家，采取适当措施尽可能使客人满意。

客人就餐完毕后：服务员主动询问客人是否需要甜品、咖啡或茶；主动询问客人是否需要其他服务。为了及时得到客人的意见，餐桌上可放置客人意见簿，在客人用餐后，也可主动征求客人意见，并对反馈回来的信息予以高度重视。

（7）结账。

现金结账：当面点清并重复一次点钞流程，识别假币。

刷卡或扫码结账：询问客人是刷卡还是扫码支付，若客人确认刷卡支付，在POS机上正确操作，注意金额千万不得输入错误。

开具发票：询问清楚客人是开具个人发票或单位发票，将发票抬头与客人确认后在电脑上进行录入，并开票。

（8）送客。

客人起身时，服务人员应主动为其拉椅子，提醒客人带好随身物品，对客人用餐表示感谢并祝愉快："请带好您（们）的随身物品，谢谢您（们）的光临。祝您（们）在我们的小屋过得愉快！外面天黑了，请留意脚下。"

第三部分　餐后结束工作

客人离开餐厅，服务员要迅速撤台、摆台，以备再用。

（1）收拾餐台时按贵重餐具、餐巾、玻璃器具、其他餐用具、台布的顺序收台。

（2）分类清洗、消毒各种餐具、用具。

（3）整理备餐室，补充各种消耗品及各种布巾，用过的台布、餐巾和香巾及时送到洗涤间洗涤。

（4）检查各类设施、设备是否完好。

（5）搞好环境卫生，关窗、关灯、关门，检查确认无事故隐患后再离岗。

一些小型民宿，民宿主人直接充当了管家、前台人员、清洁人员等多重角色，把客人看作家人，为客人提供浓浓家庭味、个性化的餐饮服务。

二维码：民宿餐饮服务示例

◎ 任务实训

实训项目一：

参观、走访一家你喜欢的民宿餐厅，做一个PPT，对你观察到的餐厅的设计元素进行介绍。完成介绍进行评分（表2—17）。

表2—17 实训评价

实训项目	项目要求	分值	得分
设计理念	有吸引力、设计新颖	1	
	具有代表性或独特性	1	
设计布局	市场分析准确	2	
	功能布局合理	1	
	配套设施完善	2	
设计特色	特色说明要突出主题	1	
总体印象	普通话流畅、微笑、举止得体	2	
总 分		10	

实训项目二：

实习生小燕今天学习的内容是中餐零点餐服务程序。在接受仪容仪表检查后，管家告诉小燕住客张女士电话预订了午餐，小燕应该怎么做呢？请模拟零点餐服务流程。完成模拟后进行评分（表2—18，表2—19）

表2—18 中餐零点餐厅服务流程评分

序号	实训项目	项目内容要求	分值	得分
1	提前沟通	语言亲切自然、复述预订内容	5	
2	准备工作	清洁整理、摆放好餐位	5	

续表2-18

序号	实训项目	项目内容要求	分值	得分
3	仪容仪表	符合岗位要求	5	
4	迎宾	语言、动作规范	5	
5	拉椅让座	拉椅动作规范、礼貌用语规范	5	
6	递香巾	动作规范、有提示	5	
7	问茶开位	询问后再斟茶，七八分满	5	
8	铺餐巾、撤筷套	从客人右侧为其铺餐巾，撤筷套的动作规范	5	
9	点酒水饮料	语言规范、复述客人订购内容	10	
10	点菜	推荐菜品，语言动作规范，复述客人订购内容	10	
11	席间服务	上菜位置规范、菜品摆放合理	5	
		撤换餐盘、汤碗、烟灰缸	5	
		续添酒水	5	
12	结账	结账语言规范、询问客人付款方式、正确结算	5	
13	送客	提醒客人携带随身物品、礼貌送客	5	
14	结束工作	收台顺序正确、正确拿放餐用具	5	
	总分		90	

表2-19 服务评价

实训项目	评价内容	分值	得分
表情	面带微笑、精神状态好	1	
着装	符合餐厅着装规范要求	1	
服务语言	礼貌、亲切、精练	2	
服务过程	细心检查，保证餐饮用具干净完好	2	
服务效率	服务程序快速、清楚、有效	2	
服务意识	积极主动、吃苦耐劳、操作安全规范	2	
总分		10	

◎ 课后拓展

1. 比一比，谁做的更有创意：考察一家民宿，以小组为单位，设计一套你们认为很特别的民宿菜单。

2. 如何做好早餐服务？

3. 简述中式午晚餐服务的内容。

◎ 知识链接

一、餐饮服务质量现场控制

所谓餐饮服务现场控制，是指监督现场正在进行的餐饮服务，使其规范化、程序化，并迅速妥善地处理意外事件。现场控制的主要内容包括以下几项。

（一）服务程序控制

开餐期间，管家通过亲自观察、判断、监督，指挥服务员按照标准服务程序服务，发现有偏差要及时纠正。

（二）上菜时机控制

在开餐过程中，要把握客人用餐的时间、速度和菜肴的烹制时间等，做到恰到好处，既不要让客人等待太久，也不应将所有菜肴一下子全放到桌面上，管家应时常注意并掌握好上菜时间。

（三）意外事件控制

餐饮服务是面对面的直接服务，容易引起客人的投诉。一旦引起投诉，管家一定要迅速采取弥补措施，以防止事态扩大，影响其他客人的用餐情绪。

若是由菜品质量引起的投诉，管家除向客人道歉外，还应替客人重新更换一道菜；发现有喝醉酒的客人，应告诉服务员停止为其添加含酒精的饮料。对已经醉酒的客人，要设法帮助其早点离开，以保护餐厅的气氛。

（四）人力控制

开餐期间，服务员实行分区看台负责制，在固定区域服务。服务员人数的安排要根据餐厅的性质、档次来确定。在经营过程中，管家协调配合服务还可根据客情变化，进行再分工。

二、顾客用餐服务细节

1. 如果客人带有小孩，及时为客人搬来儿童座椅；点菜时，为客人介绍一至两道适合小朋友的菜品。

2. 上菜前尽量先检查菜内是否有异物（如头发、玻璃、虫子、苍蝇等），多把一道关卡，就减少一分投诉的可能。

3. 上菜时要清楚响亮地报上菜名并请顾客慢用。这样做可以让客人清楚知道自己吃的是什么菜，如果是餐厅的特色菜品还应做简单介绍。这样可以让客人更加了解民宿的特色，并记住他喜欢吃的菜，这样会为餐厅积累回头客。

4. 端菜上桌时，要提醒客人注意，避免将汤汁、饮料倒在客人身上。

5. 上菜要先划单再移位然后上菜，并考虑下一道菜的上菜位置。

6. 如果送上来的菜品非客人所点或者未到上菜时机，要及时退回传菜部妥善处理。找理由说服客人接受不是聪明之举。

7. 菜品全部上完并划单后，要及时告诉客人菜已上齐。

8. 不论上菜还是收拾东西，都要尽量避免发出声音，物品要轻拿轻放。

9. 拿取餐具或饮料要用托盘。使用托盘是规范服务的表现，使用得越多工作会越顺手。

10. 就餐客人中如果有外宾，要主动询问其是否需要刀叉。

11. 为客人斟酒时小声问候一句："您看斟多少？"客人会很喜欢。

12. 上豆粒、豆腐等菜品时要记得放上勺子，不要等客人要求时才想起。

13. 看到苍蝇、飞虫等，应立刻想办法消灭。而这个时间最好选在开餐之前，就餐时遇到飞虫，不仅客人会倒胃口，还会使餐厅环境大受影响，如果飞到菜品里更是麻烦。

14. 要及时撤下空盘，或将所剩不多的菜品换成小盘。这样，不仅上菜会很方便，还能保持桌面的整洁。

15. 上带调料的菜品，要先上调料，后上菜肴。这样做的目的是告诉客人上的调料是用在这道菜品上的。

16. 客人用餐过程中，服务员要注意客人对环境、菜品、价格的看法并努力记下他们的反映汇报给管家，每天不断总结就能揣摩到顾客的心思。

17. 随时保持桌面和工作台的清洁，餐桌上撤下的盘子要及时拿走，垃圾和菜肴放在一起实在是不协调。

18. 客人离席去洗手间时，将客人的餐巾叠好放在一边，等客人回来再给客人打开，会让客人更加惊喜。记得每次叠时叠一个不同的花式，这就需要我们掌握更多的餐巾折花技巧。

19. 客人用餐完毕后，若某种菜品剩余较多要送回厨房，并请管家或厨师品尝查明其不受欢迎的原因。

20. 客人把筷子或其他餐具掉在地上时，要在第一时间为客人换上干净餐具。服务员应该手疾眼快，不要等着被要求。

21. 随时留意客人的茶杯是否有水，酒杯内是否有酒。这样，餐厅不仅可以提高酒水销售，还可避免客人干杯时杯子里没酒的尴尬。

22. 暂时要离开岗位时（买单、催菜、送餐具、拿酒水饮料等），要交代其他同事代为照看自己的服务区域。

23. 给客人倒好饮料酒水后，收去茶杯；客人表示不再饮酒时，收去酒杯，并倒上饮料或茶水。不要小看这么简单的动作，有时可以给餐厅带来更大的酒水饮料销售量。

24. 营业中接到沽清通知时，要及时告知身边的其他同事。

25. 在大厅值台或巡台过程中随时留意客人的表情、动作和需要，如有客人东张西望，要主动上去问询是否需要帮助。

26. 客人买单之前要核对账单，查看是否有多单、漏单。最好不要在客人提出买单时才匆匆忙忙看上一眼，越匆忙越容易出错。

27. 客人买单时，对未打开的酒水饮料，要征询客人是打开还是退掉。如果客人买完单再退，会造成很多不必要的麻烦。

28. 收到客人的钱款后，当着客人的面点清金额，并要清楚告知客人收到多少钱。收现金时尤其要注意辨别钞票的真假。

29. 客人付款后，可将发票和找零放入民宿特制的信封中交给客人，这时可再放一张餐厅的预订卡，多做一件小事，就会多给餐厅带来客人光顾的机会。

◎ 设置情景

克服了重重困难，小燕的民宿终于创建成功！接下来小燕就要开始考虑和策划：设计一些什么活动来体现自家民宿特色，为远方的朋友们提供最"贴心"的服务和"特别"的体验？

任务三
美娱经历，心往之所

◎ 任务描述

业内人士把民宿的服务称之为"非标"服务，人情味和个性化往往是一家民宿的特色和灵魂。这种独特的魅力如何表现呢？

◎ 任务要求

1. 能够掌握为客人提供在店休闲娱乐服务的基本服务流程和技巧。
2. 能用自己DIY的花进行摆拍，对空间环境进行装饰。
3. 能够设计、组织具有本店特色的主题活动。
4. 能够为住店客人介绍本地主要旅游资源和周边特色。

"我有一个牧场，你可以纵马驰骋，或看云起云落、劈柴喂马……""你想尝试在屋顶行走犹如画中游的感觉吗？""听说在大山里有家民宿的森林音乐会别开生面……""她家有一只八哥犬，会追着人跑……""那家女主人做的咖啡超级好喝，嗅着醇厚的咖啡香味，发呆、聊天好不惬意……"这些会让你心动吗？我真的心动了！民宿不仅仅只是住的地方，它更吸引人的是为客人提供了与众不同的身心体验。

多才多艺的民宿主人或管家既是服务者、茶艺师、咖啡师、美食缔造者，又是香道师、花艺师、太极教练，还是导游、旅行线路设计者、民宿活动策划人……他们根据民宿所处位置、周边资源、民宿主人自身爱好和特长等因素精心设计，引导客人走进不一样的场景，体验不一样的生活，开启心灵之旅，让客人愉悦、惊喜与感动。开发参与性强、体现民宿特色的活动产品是提升民宿魅力的重要手段。

一、休闲吧服务流程

民宿通常都会给客人提供一个休闲空间,如书吧、茶室、咖啡吧等,不论面积大小,装修风格应与民宿整体风格相一致,环境优美雅致,光线柔和,氛围舒适宜人。

休闲吧的服务环节分为营业前的准备工作、营业中的服务工作、结账送客三个环节。

(一)营业前的准备工作

休闲吧是客人乐意停留的地方,营业时间相对会比较长,人员、物品等相关准备工作务必充分完备,包括以下内容。

1. 干净整洁、氛围良好(图2—27)。

(1)墙裙、扶手、门、窗等干净,无污渍。

(2)各类设备干净,无污渍,可正常使用,灯具完好。

(3)地面、桌与工作柜下干净整洁,无杂物。

(4)装饰品与各类提示牌规范摆放在指定位置,表面干净。

(5)绿色植物无枯叶,花盆清洁、无杂物、放置规范,垫盘内无污水。

图2—27 休闲吧清洁整齐、设备完好

（6）厅里空气清新，保持适宜的室温，光亮适度。

（7）播放适宜的音乐来烘托气氛；桌面用具及相关物品摆放规整、齐全、干净、无破损。

2. 品类齐全、保证品质（图2—28）。

（1）根据民宿经营特点备齐各类软饮料及酒精饮料，如咖啡、茶叶、红酒等。

图2—28 休闲吧用品齐备

（2）备齐配套的小食，如水果、点心、坚果等，最好有民宿自制或具有当地特色的小食。

（3）备齐所有饮品、食品的盛装器具，建议使用有民宿标识的定制器皿。

（4）备齐服务用品，如饮料单、托盘、咖啡机、开瓶器等。

（5）所有饮品、食品及用品务必保证质量。

3. 熟悉客情，做好服务准备。

（1）熟悉饮品制作方法，确保操作规范、卫生。

（2）及时与客人沟通，了解客人需求，根据客人需求提前做好服务准备。

（二）营业中的服务工作

休闲吧管家的言行举止、服务态度均会给住客留下深刻印象，从她（他）们的身上能看出一家民宿的经营理念、管理水平，甚至生意的好坏程度。因此管家在服务过程中需举止端庄，热情大方。

1. 热情迎接（图2—29）。

当客人到来时，休闲吧管家应在门口迎接，主动向顾客问好："先生/女士，您好，里面请。"

图2—29 热情迎送客人

2. 引领入座。

管家应根据客人数量将其引领到恰当的位置，帮助客人拉椅入座。如果客人对座位有特殊要求，应尊重客人，尽量满足，并热情与客人寒暄："我是休闲吧管家，很高兴为大家服务。"随后安置好客人的随身物品及衣服。

3. 点茶沏茶。

管家应站在距客人一步远的地方，双手把饮料单递给客人："几位需要什么茶？"如果客人拿不定主意，须主动细致地为顾客介绍本店的特色饮品，如青城茶的产地、特征、汤色、香气、滋味等，并耐心、详细地解答客人的各种询问。客人点完茶后，双手接回，按客人要求快速制作和服务（图2—30）。品饮过程中，可适当与客人聊天，如果是新住客，可介绍一下民宿的概况，增加客人对民宿的了解；如果客人人数较多、谈兴很浓，则避免随意插话影响客人。

图 2—30　为客人送上饮品

（三）结账送客

1. 客人要求买单时，休闲吧管家要仔细核实账单，确认无误后方可交到客人手里结账。

2. 客账支付：与餐厅结账程序相同。

3. 送客服务：（1）询问客人对饮品的感受，便于改进工作。（2）客人起身时，应为其拉椅；客人离座后应送至门口，提醒客人带好随身物品。（3）礼貌地向客人道谢，欢迎客人再来。

注意：客人不想离开时不能催促；发现行动不便的客人，应征得其同意后进行搀扶；送客的语言要规范、简洁。

二、常见旅游咨询服务

选择住民宿的客人，大多希望游览传统景点之余，能更多了解当地特色，体验当地民风民俗，感受地方文化。于是民宿经营管理者便成了家乡的代言人，是住店客人了解地域特色的窗口。一名合格的民宿管家要清晰掌握本市概况、旅游资源分布及特点、主要的旅游线路、著名的旅游景点、抵店的主要交通方式和路线、民宿所在地的特色资源、本店的特色和服务项目等信息，能及时、准确地回答客人的旅游咨询。

（一）地方文化代言人

你会怎样准确、生动地为客人介绍你的家乡或民宿周边的民风民俗呢？

了解一个地方通常要了解以下几个要素：地理位置、历史沿革、文化特色、主要景点、民风民俗、生活氛围，等等。民宿主人要对这些基本情况了然于胸，介绍时最好生动自然、不拘于形式，如能融入自己的见解或生活阅历，那便能更好体现民宿的"温度"。

（二）特色产品推介者

人们在旅行途中，感受别样文化魅力，会购买别具特色的当地旅游产品，作为自己旅行的见证。那么古老又现代的都江堰会通过哪些特色产品来展示它的魅力呢？

1. "青城四绝"。青城山所独有的四种传统名产：洞天乳酒、白果炖鸡、青城老腊肉（图2—31）和青城泡菜。

图2—31 青城老腊肉

2. IP文创产品——"超萌熊猫"。行走在都江堰市的大街上，时常看见有人戴着大熊猫帽子或穿着大熊猫马甲。国宝大熊猫已经成为都江堰市的另一张名片，众多和大熊猫有关的周边产品，如大熊猫马甲、大熊猫公仔、大熊猫双节棍、大熊猫背包等随处可见。

3. 其他有代表性的文创产品：乌木产品、雅致文创、聚源竹雕（图2—32）、雅兰陶艺、青城山马椅子、巴布熊猫、金丝楠木家具（图2—33）、蜀绣、铜雕、木子尹工坊、手绘的书签、冰箱贴、李冰系列明信片、"问道熊猫"系列原画环保布袋、都江堰系列T恤、都江堰城市香水等。

图2—32 聚源竹雕

图2—33 金丝楠家具

三、主题活动策划组织

"主题"一词源于德国,最初是一个音乐术语,指乐曲中最具特征并处于优越地位的那一段旋律,是乐曲的核心,称为主旋律。而在民宿运营中,"主题活动"应是客人特殊体验的点睛之笔。

民宿主人以"民宿主人题文化"为中心,根据个人爱好或特长,结合民宿特色设计、开发个性化的民宿主人题活动和配套产品,以此传达民宿主人的情怀,吸引调性一致的客人成为朋友。从经济的角度来看,这有利于提高民宿的复购率,保持民宿的生命力。

民宿主人题活动的设计和开发,根据活动场所的不同可分为室内活动、户外活动;根据参与者来源可分为店内主题活动、外接主题活动;根据规模大小可分为大型、中小型主题活动;根据开展的时间频次可分为常规活动、特色活动;等等。

(一)主题活动开发设计应遵循的几个原理

1. 系统性、整合性原理。主题活动应该有系统性,形成整体,而不是个体活动的简单拼凑。

2. 动态性原理。主要活动的开发设计要不断进行完善和创新,在变化的动态过程中得到完善。

3. 效益原理。活动的策划者应尽量用最少的投入获得最大的效益。

4. 联动效应原理。主题活动能进行拓展、延伸,活动的开展能带动其他元素或周边民宿的发展。

5. 借鉴性原理。活动策划者可借鉴以往策划活动的成功经验,改创出自己的活动策划;也可借鉴他人的失败经验,吸取教训,扬长避短。

6. 时机原理。有经验的活动策划者擅长利用各类资源,如依托国家法定假日、民俗及其他传统节日,国家、省、市重要活动,以及城市或地区标志性事件等策划各类主题活动。

让我们具体来看一看符合民宿特色的主题活动是如何开发设计出的。

（二）开发设计主题活动的基本流程（表 2—20）

表 2—20 主题活动基本流程

基本流程	具体内容	目的和效果
明确活动目标	1. 让所有参与者明确活动目标 2. 确定活动的预算 3. 列出清单，即活动可能需要的物品及数量 4. 标出必备项目和预备项目	首先考虑举办本次活动的必要性
拟订活动主题	1. 分析现有活动和资源 2. 提出多个活动主题 3. 选定一个活动主题 4. 确定活动形式	主题要具有吸引力、说服力并与活动形式相辅相成
选择活动方式	1. 线下体验型活动模式：根据活动主题选择合适的场所。涉及活动场所位置（露天场所需考虑天气）、面积、所需设施设备、物品等；提前确定场地的使用时间、设备、可容纳人数及费用等，提前布置会场 2. 线上活动模式：根据对象选择合适的渠道，如 QQ、微信、微信公众号、微博、今日头条、抖音、快手等，要提前进行预热或结合线下活动同时开展宣传工作	2020 年受新型冠状病毒肺炎疫情的影响，很多线下活动无法开展，但线上活动开展得到普及
确定活动时间	1. 活动预热。线上线下都要提前确定预热时间，进行预热宣传，扩大影响力 2. 线下活动要排出每天应该做的事项，确保大多数人能够参加，确保活动可以如期举行 3. 常规性的主题活动要有持续性和规律性，特殊主题活动则要借助特定的节日、假日或特殊日期，提高活动的效果 4. 活动时间还包括活动持续的时长，活动时间过短，难达到原定目标；活动时间过长，易使参与者产生疲劳感，淡化活动的影响力甚至产生副作用	扩大影响力，有序开展工作，保证活动如期举行

续表2-20

基本流程	具体内容	目的和效果
细化活动流程	1. 暖场预热：要确定暖场的方式、人员、时间控制 2. 开场引入主题，营造轻松惬意的氛围，对活动背景做介绍说明 3. 正式开展活动。活动内容要环环相扣，逐步推向高潮 4. 结尾回顾，应让人意犹未尽 小型的活动也应遵循这条主线，设计好主题活动，要事先进行预演，控制每个环节的时长，环节之间的衔接，预估活动的效果，再对活动流程进行调整修订	帮助参与者较快融入环境氛围，带给参与者良好的感受，实现活动目的
文案准备	1. 根据活动的不同阶段准备相应文案，包括预热文案、宣传文案、活动报道文案 2. 活动组织和承担者需撰写活动策划书	过程资料留存并保证媒体宣传及时
复盘	活动结束后要进行复盘。考量因素包括活动目标实现、活动效果呈现、主题的再创造、活动流程优化、人员的分配等情况	为一下次开展主题活动提供参考

（三）民宿主题活动具备的特征

1. 明确的目标。有明确目标的活动才能满足参与者的需要，为受众所接受。

2. 客观性。活动主题应来源于生活，结合民宿自身客观条件，可实施性强。

3. 文化性。民宿主人题活动为的是满足客人休闲的需要，休闲是一种思想的态度，不是游手好闲、无所事事。活动要有坚实的文化基础才能真正留住客人的心。

4. 新颖性。只有对活动的形式、内容、地点……不断创新的民宿才有生命力。

（四）常见的主题活动

1. 茶会体验。

什么是茶会？如何设计茶会主题？如何在民宿里组织一场有自身调性的茶

会？小燕带您参加一场有灵魂的茶、花、诵、修雅集……

茶会不同于座谈会，是有各种主题和载体的，分为五大类：第一类为以品鉴为主题，以茶为载体；第二类为以节气文化为主题，以时间为载体；第三类为以不同场域的体验为主题，以感受为载体；第四类为以空间、地点为载体；第五类为以人为载体的。

我们一起来了解茶会组织的基本流程（表2－21，表2－22，表2－23）。

表2－21 茶会之前的准备工作

序号	项目	具体细节
1	明确主题	民宿管家需要向邀请参加的对象说明为什么召开本次茶会、茶会的主题内容及流程，让每位来宾心中有数，事先有所准备
2	确定人数	提前询问当日入住的客人是否有兴趣参加本次茶会体验活动
3	时间和地点	告知客人具体时间和地点
4	座位布置	根据管家安排，客人抽签入座
5	用具物品准备	1. 一般准备。根据邀请的人数准备茶杯、茶叶、热水瓶、茶食、茶食盘等 2. 特殊准备。根据茶会的主题，事先准备桌、椅或各种茶道具、坐垫、屏风等
6	设置告示牌	会场入口处应设有告示牌、茶会牌或指引位置牌
7	再次确定人数	与客人再次微信或电话联系，确定人数和时间

表2－22 茶会之中的服务工作

序号	项目	具体细节
1	签到： 身到心安	引导客人在海报或签到本上签名 管家A（助泡）负责"签到"工作（递签到笔，然后指引客人净手）；管家B负责拍照（图2－34）
2	入席： 有序入位，心身安泰	嘉宾全部到齐，有序入席，所有工作人员到位，正式开始茶会；管家全程为茶会拍摄
3	止语： 闭口莫言，气场相聚	提醒嘉宾落座后关闭手机铃声，停止讲话，将注意力全部凝聚在主泡位

续表2-22

序号	项目	具体细节
4	入境： 心随境迁，境随心转	1. 主持人介绍所品茶品，引领大家进入茶会的情景和状态 2. 管家C主泡，管家B负责客人的表情抓拍
5	静心： 回归当下	1. 播放茶会背景音乐 2. 茶会主人引导大家进入静心环节，让大家找到安静、放松的状态 3. 主泡亲自朗诵、引导
6	行茶： 以茶入心	1. 先让嘉宾观赏茶道表演，而后开始正式冲泡茶叶。说明：泡好一壶茶的标准不是动作有多标准，而是照顾好面前的客人，熟悉每个人的习惯和喜好，以真诚入茶 2. 正式泡茶前，助泡将"空白签单"发放给嘉宾，并准备好笔 3. 主泡引导嘉宾书写喝茶间的滋味感受 4. 助泡、管家B保持热水的及时供应，担当开汤审评过程中的"计时"工作，及时提醒主泡出汤时间 5. 前三泡止语，三泡以后，主泡或主人可以引导客人进行表达和交流
7	分享快乐	分享当下的感悟（图2-35）
8	合影留念	由主持人安排大家在民宿有代表性地方合影留念
9	目送客人	所有工作人员在门口站立，微笑着目送客人离开

图2-34 主题茶会工作人员在门口迎接

图 2—35　民宿客人在星空下参加茶会

表 2—23　茶会后结束工作

序号	项目	具体操作
1	清理会场	先收拾瓷器、玻璃品，再收布件，最后扫地
2	将会场重新布置	将会场重新收拾成工作状态
3	总结	负责人召集参与本次活动的全体成员开会，肯定成绩，总结不足，为下次茶会做好准备
4	分享	图片分享，民宿管家总结本次活动后配图发送到网站或者朋友圈、公众号等

2.DIY 花束创作。

看惯了中规中矩的西式插花和讲究线条主枝的中华花艺，民宿路边的野花、田里和院子里的绿叶，在爱生活、有情趣的民宿主人眼中，这都是风景。随心、随意的 DIY 可以愉己，更可悦心。

在管家的帮助下，带上一把剪刀、一个花篮，将即将绽放的花材叶材修枝剪叶，通过色彩主次搭配，让客人亲自动手、体验简单而有意思的 DIY 插花活动，让客人对民宿留下深刻印象。

DIY 花束花制作步骤如下。

（1）准备所需材料：一把剪刀、花材、叶材、现成的容器或花器等。

（2）组织民宿客人，讲解操作流程和要领（图 2—36）。

图 2—36　组织客人讲解要领

制作过程应有趣并且简单，先带着客人参观民宿，留意身边的花草树木，根据各自喜好不同，采摘花材和叶材（图 2—37）。

图 2—37　客人亲自体验

（3）将花材、叶材进行整理（图 2—38）。

图 2—38 整理花材

花的体量：将大尺寸、中尺寸和小尺寸的花进行搭配，根据花材叶材的线条增加花艺作品的趣味性。

应季花材：应选择应季花材，将花材最好的状态呈现出来，保证作品的独一无二。

质感：可以采用 3 种以上质感的花材和叶材进行搭配，还可以用一些其他元素，如水果等，只要能表达自然趣味的素材都可以大胆尝试。

律动：花艺设计要有线条和曲线的组合才称得上完整，任何一条枝叶的生长都有它的规律。

花艺造型：好的花器很重要，单个花艺作品在遇到一个好的展示环境的时候更容易出彩。对于自然花艺而言，陶器的选择以及摆台也非常重要，利用木制品、蜡烛、棉麻、陶器，以及随意摆放的水果和枝叶都可以营造出自然的效果，更能突出作品的静物之美。

层次：作品要有层次感，所谓自然风格就是展现花艺的自由状态，让它们肆意生长却又在情理之中。

色彩：色彩是花艺作品最基本的要素，同色系、邻近色搭配，巧妙运用饱和度高的色彩使其不冲突。

（4）管家根据以上要素，带领客人进行创作（图 2—39、图 2—40）。

图 2—39　DIY 插花创作

图 2—40　作品成型

3. 太极健身、野外徒步等活动组织。

都市快节奏生活、高强度工作、缺乏锻炼等因素困扰着上班族，多数人身心疲惫，渴望找一个清静之地放空自我。民宿组织客人体验太极、户外徒步、垂钓等健身活动正好契合现代人放松身心的需求。

结合"拜水都江堰，问道青城山"的地域文化，小燕决定将传统的太极拳健身活动列为民宿特色项目。

太极拳具有松沉柔顺、圆活畅通、用意不用力等运动特点，既能消解拙力僵劲，又可避免肌体损伤，适合不同身体状况的人群习练；太极拳有长短区别，有上百个动作组成的一百零八式太极拳，也有由六组动作组成的青城太极站功六式，能充分配合客人的时间；太极拳有众多流派，可以根据性格偏好选择不同流派套路练习；最重要的是太极拳习练无需器械辅助，是性价比最高的项目。

二维码：民宿太极活动示例

那小燕该如何开展太极拳健身项目呢？在表 2－24 中可以找到答案。

表 2－24　太极拳健身项目的组织流程

基本流程	组织者	参与者
前期准备阶段	民宿管家要提前了解客人基本情况：身体状况、逗留时间、性格偏好、财力预算等情况，有针对性地推荐差异性健身项目 1. 根据客人的不同身体状况设计、安排不同项目。如有身体疾病或运动禁忌的客人，尽可能安排动作舒缓、运动量小的项目，反之则可以安排相对激烈或强度较大的项目 2. 针对时间、场地的限制安排项目。时间有限的客人，安排简易型或紧凑型的不受场地制约的项目；时间充裕的客人，则可以安排适当难度或系列性的、需要专业场地的项目 3. 根据客人的兴趣、性格偏好不同安排项目。喜静的客人，项目安排在清幽的环境中进行；喜动的客人则可以安排特定的项目，如动作幅度较大、动静相宜的陈氏太极拳 4. 根据客人的财力预算的多少安排项目。预算充裕的客人推荐多个项目，预算度不高的客人，可以推荐性价比高的一两个项目 根据活动具体情况，与太极健身教练协商活动内容、确定活动时间及具体安排，制定预案，如遇紧急状况，教练无法按时到场的情况替代解决方案 物品准备：服装、毛巾、水等 告知客人做好右侧表中罗列的准备工作	1. 适量饮水。健身活动前，适量饮水，提前补充水分。但不宜过度补，以免影响运动的正常进行，还会影响身体健康。达到帮助身体缓慢补充水分、帮助身体预热的作用即可 2. 食用能量。少量食用易消化的碳水化合物。其丰富的能量物质将为身体提供能量和活力，在健身过程中展现更加充沛的体力、更有活力的运动状态 3. 穿戴要求。不穿紧身衣裤，须选择宽松的服装和合适的鞋，取下手表、首饰等物件，最大限度地保障运动顺利进行，避免影响血液循环和气息运行 4. 备齐其他物品。针对其他项目，如野外徒步等，必须佩戴好护膝护腕等装备，备好背包、登山杖等物品，尽量减小运动对于自己的冲击力，保护自身安全，并使我们拥有更好的运动状态 5. 调整心态。调整精神状态，通过热身激活身心、做好运动前的准备

续表 2-24

基本流程	组织者	参与者
活动实施阶段	1. 提前通知、确定人员到场情况 （1）管家、教练提前 30~60 分钟到场，做好场地准备 （2）活动开始前一天、前两个小时、前半小时通过电话、短信等方式提醒参与者活动时间、地点、需要准备的物品 （3）活动开始前十分钟最后一次确定未到场人员状况 2. 活动开始前的介绍 （1）太极健身的相关背景介绍 （2）教练情况介绍 （3）对整个活动流程做充分的讲解和说明 （4）向参与者提示安全风险，并介绍相应的安全应对措施 3. 热身活动 准备活动中，太极拳教练应重申注意事项，同时带领参与者进行热身 4. 健身活动 （1）教练示范、指导健身活动，与客人互动 （2）管家全场参与，应对可能出现的突发状况，同时为参与者提供更好的服务 5. 突发状况的处理 （1）灵活应对突发事件 （2）按事先制定的应急预案处理突发事件	1. 按时到场 2. 注意聆听、提出问题 3. 开始太极拳健身之前，需要进行身体预热、拉伸等身体准备，将各关节充分活动好，最大限度地避免运动损伤，同时保障太极拳的健身保健效果达到最佳状态 4. 跟随太极拳教练的指导进行有计划、有步骤的科学锻炼 5. 与教练、管家互动
后期保障阶段	1. 提供运动后服务。组织放松活动，带着客人拉伸放松。运动结束后，管家为参与客人提供毛巾、热饮等 2. 及时评价。为参与太极健身客人提供休息区域，管家协助运动测评（显示专业），赠送活动纪念物品并合影留念 3. 温馨提示及注意事项： （1）运动后的安全事项提示，见右侧表格内容 （2）提醒客人带好随身物品，安全有序离场	1. 跟着教练拉伸放松，不能蹲坐休息 作用：针对性的放松活动能够保持肌体机能，提升肌肉工作效率，改善供能过程，减轻肌肉疼痛；还能改善神经系统功能，减少大脑皮层负担，加速血液回流，促进乳酸排解，帮助消除疲劳 副作用：立即蹲坐休息将会影响下肢血液回流，影响全身血液循环，严重时可能产生重力性休克

续表2-24

基本流程	组织者	参与者
后期保障阶段	4. 重置场地。参与者全部离场后，管家应协助相关人员及时清理场地，将设施设备重置到活动开始前的状态 5. 总结经验。针对本次活动中遇到的困难和问题做出梳理，并召开会议集思广益，为以后的活动组织积累经验 6. 注意事项：切勿提供冷饮！运动后身体会流失大量水分，此时人体消化系统仍处于功能低下的抑制状态。如贪图一时凉爽饮食冷饮，很容易导致胃肠痉挛、腹痛腹泻等症状，严重者可诱发胃肠道疾病	2. 适时适当补充水分，不可立即就餐 运动结束时，人体运动神经中枢正处于兴奋状态，协调内部脏器活动的副交感神经系统将加强对消化系统的抑制行为。 运动中，运动器官血液循环集中供应，致使腹腔脏器的血液供应相对减少。这将直接导致胃肠道的蠕动功能减弱，各类消化腺分泌减少，这种状况将持续25～30分钟，才能得以缓解。如运动后立即就餐，将增加消化器官负担，引发胃肠道功能紊乱，导致呕吐等多种不适反应的发生 3. 注意保暖，避免快速降低体温 运动中肌体表层血管扩张、体温逐渐上升、毛孔逐渐舒张、汗量也随之增多，如快速降低体温会使毛孔快速紧缩闭汗，导致肌体调节体温的生理功能失效、免疫功能下降，会出现感冒、发烧、哮喘等病症。运动后应该注意保暖，使体温逐渐降低到正常值

以上仅是太极健身活动开展的环节及基本内容，而民宿可开展的健身活动项目很多，各家民宿应根据自己经营特色选择适合的活动，举一反三设计开发。

4. 手工制作——中国结。

小燕喜爱中华传统文化，又生得一双巧手，擅长各类手作。于是决定在民宿中开辟一块地方，购置一些用具，教访客编制中国结。

中国结是一种绳结艺术。而这种艺术的源头要追溯到远古结绳记事的时代，在文字出现以前，我们的祖先用纤草编结扣来记录数量和事物，赋予绳结意义。中国结不仅具有造型、色彩的美，而且它的命名，如双钱结、盘长结、如意结等，都体现了我国的文化信仰，体现着人们追求真、善、美的良好愿望（表2-25）。

表 2—25 几种常见的中国结

图样	名称	寓意
	吉祥结	吉祥如意，大吉大利
	如意结	如意自在，随心所欲 万事如意，事事顺心
	方胜结	方胜平安，一帆风顺
	盘长结	回环延绵，长命百岁 相依相随，永不分开
	团锦结	团圆美满，锦上添花 花团锦簇，前程似锦

中国绳结艺术像民间文化的"活化石"，承袭自新石器时代祖先结绳记事的传统，数千年来由实用走向审美，并赋予其吉祥的寓意，它就像祖先传下来的密码，包括中国人的种种期许、祝福和深长的情意。

5. 绿色采摘、乡村旅游体验。

小燕家地处龙池镇虹口乡，虹口是"山水运动"主题特色旅游小镇，有"西部第一漂"之称。夏季，人们能开展虹口漂流、水中麻将、踩白沙河水等活动；冬季这里白雪皑皑、银装素裹，人们纷至沓来赏雪景、打雪仗、拍美照。小燕细致梳理了自家民宿周边资源，结合自家的菜园和果园，开发设计了时令蔬菜采摘体验、猕猴桃园参观采摘、游蓝莓基地、参加农事体验、品农家菜、玩水赏雪等活动，令人心驰神往……

6. 当地民俗活动组织。

家乡丰富的民俗资源也可以成为民宿体验活动的主题，如李冰治水文化。

都江堰建于公元前 256 年左右，是战国时期秦国蜀郡太守李冰率众修建，是全世界至今为止，年代最久、唯一留存，以无坝引水为特征的宏大水利工程。2200 多年来，至今仍发挥巨大效益。成都平原能够如此富饶，被人们称为"天府"乐土，离不开李冰修建都江堰的成果。故《华阳国志》中认为，都江堰建成，使成都平原"水旱从人，不知饥馑，时无荒年，天下谓之'天府'也"。因此，这里最著名的民俗活动是清明放水节和二王庙庙会。

（1）清明放水节。

时间：清明时节，每年 4 月 5 日。

李冰主持创建都江堰水利工程（图 2—41），使长期苦于水旱灾害的川西平原一下子成为富庶的、世人瞩目的"天府之国"。两千多年来，李冰父子凿离堆，开堰建渠为天府之国带来的福泽一直为世人所崇敬、感激，清明放水节，古名"开水节"，据史料记载，官方的祭祀活动正式颁定，是在宋开宝七年（929 年），初定为每年祭祀一次，后改为每年春秋祭祀两次，是大成都地区集祭祀民俗、生产民俗、节庆民俗、巫蛊民俗、商贸民俗于一体的文化活动。2006 年都江堰放水节被列入第一批国家级非物质文化遗产名录。现代"清明放水节"庆典活动，已成为都江堰特有的风俗。目前，都江堰市正在积极申请将其纳入"联合国人类非物质文化遗产名录"。

图 2—41　四川都江堰水利工程全景图

（2）二王庙庙会。

时间：每年农历六月二十四日至农历六月二十六日。

二王庙是为纪念李冰及其子二郎而修建的。相传农历六月二十四是二郎的生日，两日后为李冰生日，故每年二王庙会在农历六月二十四到六月二十六举行庙会活动，正值鸟语花香之时，受到都江堰水利工程恩泽的人们纷纷走出家门，来到二王庙焚香祭祀，怀念都江堰水利工程的缔造人李冰父子，由道庙主持举行盛大的"川主清源妙道真君"祭典大会，摆设道场三天。今二王庙庙会，不仅增添了歌舞表演、川剧表演等内容，还有川剧变脸等绝活展示；每岁庙会，二王庙内烟霞蒸腾，万人朝拜，空前盛况不减当年（图 2—42）。

图 2—42　庙会上熙熙攘攘的人群

民宿主人可以此为契机，介绍或组织客人前往观礼，体验不一样的地方习俗。

◎ 任务实训 1

利用身边可采摘到的花草叶，根据所学知识，随心搭配出喜欢的插花作品装点空间。最后进行评分（表 2-26）。

表 2-26　实训评价一

实训项目	项目要求	分值	得分
内容	色彩搭配和谐	3	
	造型美观	3	
	装饰性强，有一定的创意	4	
总分		10	

◎ 任务实训 2

结合小燕家乡的旅游资源现状，根据主题活动设计开发的流程，为之设计一次主题活动。

◎ 任务实训 3

情景模拟

为到店的客人介绍自己的家乡或自家民宿，热情为客人推荐当地特色旅游线路或特色旅游产品，模拟结束后进行评分（表 2-27）。

表 2-27　实训评价二

实训项目	项目要求	分值	得分
内容	概念准确，其他内容详细完整	2	
	材料之间衔接紧密，符合逻辑	1	
	有自己独特、新颖的观点	2	
语言表达	普通话标准、流畅	1	
	声情并茂、有感染力	1	

续表2-27

实训项目	项目要求	分值	得分
职业素养	举止有礼、符合行规	1	
	微笑，有亲和力	1	
	穿着打扮大方得体	1	
总分		10	

◎ 课后拓展

1. 调查收集：你居住的小镇有哪些旅游资源特色？它未来数年的发展规划是什么？常见的旅游线路有哪些？

2. 调查访问周边民宿，了解民宿开发的成功案例。

3. 小组合作设计制作"小燕推荐"TIPS，推荐当地的习俗、景点、美食、特产等。

4. 编写一份关于休闲空间的介绍词。

5. 请策划一场家庭茶会雅集。

6. 针对某一项健身活动，设计开发出具体的实施方案。

◎ 知识链接1

孝行天下　感恩茶会（民宿社会活动）

参加者都自带茶叶、茶具，人人泡茶、人人敬茶、人人品茶。

那么如何组织或者参加感恩茶会呢？

一、参加感恩茶会的人员及流程

感恩茶会一般人数不限，建议有司仪负责宣布茶会开始与结束，维持现场秩序。

感恩茶会基本流程：凡参加茶会的茶友们，均各自携带茶叶、茶具围成一圈，一律按抽签号码落座，人人泡茶、人人奉茶。每人泡茶四杯，其中三杯奉给自己左边的三位茶友，一杯留给自己，同时要接右边茶友的奉茶。也就是说，每人都奉出三杯品质相同的茶，接到三杯不同的茶。

二、参加茶会需要做的准备

1. 必备茶具：①主茶具（紫砂茶壶/盖碗/飘逸杯/同心杯均可）；②品茗杯四个；③保温壶/保温杯一个（自带热水）。

2. 其他茶具：①公道杯、茶漏；②茶巾一块、茶帘一块（竹帘或布巾）；③奉茶盘（用来奉茶给其他茶友）；④水盂。

3. 补充：感恩茶会泡茶需要坐在地上或跪在地上，也可不用。

三、感恩茶会具体安排

1. 按照感恩茶会的规程，报名参加感恩茶会的茶友根据组织者安排围成一个圈，布置茶席。

2. 组织者宣布茶会开始。

3. 感恩茶会：大家有序地泡茶、奉茶、品茶。泡四杯茶，留一杯给自己，其余的依次奉给左边的第一、第二、第三个人，奉茶和受茶。可以做简单的行礼，体现中国茶德的廉、美、和、敬。待四杯茶奉齐，就可以自行品饮，简单交流；

喝完后，即开始冲第二道，再给左侧三位茶友斟茶。三道茶后，大家收拾好茶具，互相表示感谢，结束感恩茶会。

◎ 知识链接2

拜水都江堰　问道青城山
——都江堰市概况

都江堰市位于成都平原西北部，辖员面积1208平方公里，拥有以1个国家5A级旅游景区、1个国家级旅游度假区、2个国家4A级旅游景区等为代表的21处国家级旅游资源，是世界上少有的同时拥有世界自然遗产、文化遗产、灌溉工程遗产的"三遗"之城。全域丰富的旅游资源为都江堰市乡村旅游发展提供了良好条件。它是一座历史文化名城，更是一座山水园林城市。这里茂林修竹、阡陌交通、芳草萋萋、河水潺潺……在这里，山、水、城、林、堰融为一体，有着"满城水色半城山"的美誉。

民宿管家除了掌握当地知名景点的特色、概况和位置等信息，还要熟悉民宿所在区域的特色和主要旅游线路；能够为客人提供更加深入细致的咨询服务，为他们出行提供有效建议和帮助。尤其是对民宿周边小众或特有的旅游资源和线路一定要经过实地考察，确保安全、可实施。通常需要向客人提供的信息包括：目的地及特色、与住宿点的距离、交通方式、往返所需时间、注意事项等。民宿的特色建设，既要挖掘历史文化，还要结合到本区域未来的发展规划。

◎ 知识链接3

都江堰市域旅游发展规划（2018—2025）

都江堰市以产业园区为立足点，深挖"熊猫、山、水、道、林、堰"旅游资源，形成现代旅游产业"双心两区"的全域空间布局。

"双心"——主城区旅游城市核心、青城山旅游服务中心。

"两区"——大青城沿山旅游发展区、田园生态发展区（都江堰精华灌区）。

◎ 知识链接 4

都江堰市的非物质文化遗产

非物质文化遗产是以人为本的活态文化遗产，它强调的是以人为核心的技艺、经验、精神，其特点是活态流变。都江堰市处于青藏高原东部边缘与川西平原的交融处，非物质文化遗产十分丰富，经过 10 多年的普查保护，截至 2019 年，已有涵盖民间文学、民间音乐、传统手工技艺、节庆民俗、体育与竞技等方面的非物质文化遗产 20 余项，其中国家级 1 项、省级 5 项、成都市级 2 项、都江堰市级 8 项。

青城洞经古乐

2007 年被列入四川省级非物质文化遗产目录，是全国保留最完整、丰富的古音乐活化石。青城洞经音乐集古蜀巫乐、道教音乐、佛教音乐、儒家音乐、宫廷音乐和民间音乐之大成，拥有悠久的历史。现保留古乐曲 80 余支，风格细腻、优美、平和。

青城武术

2009 年被列入省级非物质文化遗产目录。在金庸、古龙、温瑞安等名家大师创作的武侠故事中，也经常出现道教第五洞天青城山的"身影"。

望娘滩传说

2009 年被列入省级非物质文化遗产目录。这个从都江堰发端的故事，影响遍及长江流域，演绎出许多不同的版本。这些故事都反映出川西平原自古以来的水患和人们的感情寄托、愿望，具有独特的历史意义。

聚源竹雕

2011 年被列入省级非物质文化遗产目录，是川派竹雕中的翘楚。从史前时代起，先民就用大自然赋予的各种材料，制作青铜器、陶器、瓷器等器具。直到出现竹制（木制）器具，才使得乡野农家的锅碗瓢盆们分门别类，丰富起来。在都江堰市聚源镇，一群手艺人用匠心赋予竹子新的生命意义，创作出了"聚源竹雕"。

柳街薅秧歌

2014 年列入四川省级非物质文化遗产目录。起源于明末清初，流传于川西平原，盛传于岷江流域，至今已有 300 多年的历史，是劳动人民最原生态的民俗文化。柳街薅秧歌内容丰富、曲调唱腔多变，体现出都江堰人乐观、豁达、积极向上的精神风貌。

◎ 知识链接5

都江堰市网红民宿知多少

据统计，都江堰市已有100多家主题民宿，其中有30多家精品民宿，除了本书提到的坐忘森林、江南忆，还有很多民宿也成为游客在都江堰的打卡地，它们有着优美的环境、精心的设计和细致体贴的服务等共同点。

【青城见素山居】

青城见素山居，名字源自《道德经》——"见素抱朴"。意思是现其本真，守其纯朴。见素山居位于都江堰市大观镇艳景村，占地面积5000平方米，建筑面积688.5平方米，建筑结构3栋，楼层2层，房间数13间（套），床位数22张，庭院面积4200平方米，距离成都市区一个半小时车程。山居采用有着100多年历史的木质主体建筑，白粉墙、小青瓦、深棕色的梁柱都呈现出一种简洁和纯朴。所处环境冬无严寒、夏无酷暑，民宿主人致力于为游客提供亲近自然、明心见性的山居生活方式，并以此为契机，系统梳理在地文化肌理，与当地村民共同营造生产与生活结合、新老村民共生共荣的古村复兴之路。

"出门田园、进门城市，开门见山、推窗见绿"——民宿的宗旨是让今天的中国乡村可以不落后于时代又记得住乡愁，最终把青城见素山居建设成为一个有温度的乡村民宿。目前，青城见素山居已获授由四川省林业厅颁发的"四川省四星级森林人家"和成都市旅游局共同颁发的"成都市森林人家"称号。

【观山别院】

位于都江堰青城后山红岩新村。青城山之"幽"、之"静"，需要一颗"宠辱不惊，看庭前花开花落；去留无意，望天上云卷雨舒"的豁达之心才能细心品味的。

观山别院与水相依，与山相望，任世事变迁，亦自有一番自在。在山腰，看书、品茗、饮食，都与自然融为一体，你在"观山"，山也在观你。每个房间墙面不同的手绘画面无不体现出禅文化的宁静致远，总能在不经意间就能让你浮躁的心平静下来。

【心越】

这是一家以道文化为底蕴的精品民宿酒店，它坐落于青城山前山，毗邻青城山高铁站，既入世，且出尘。在这里，不用去想工作的烦累，生活的琐碎，只需将身体融入青城山，来一次"无所事事"的"小确幸"。心越的客房设计也很有特色，总共有百余间特色各异的客房可供选择。内庭式建筑可观天享日光浴，外庭式景观阳台可饱览秀色青城，还有别具一格的跃层套房，返璞归真的复式古屋等。在这里，你可以对弈一局，或者小酌片刻，或是自在享受温泉水的轻柔晃动。

【悟空民宿】

在灵岩百花山山腰处，树了一块精致的木匾，上面写着"悟空民宿"。顺着阶梯走上去，推开木门，映入眼帘的是别致的鱼塘、古朴的茶桌，与园中景色融为一体。悟空民宿，就像它的名字一样极简，这里的许多设计都是用老房子拆下来的旧门旧窗户改造的，走近一看，还能见到一处处岁月的纹路。走进屋内，屏风隔出了两个区域，显得有序又不杂乱。民宿有可供观山望景的嗅风、闻雨、尝云、饮月、观心、抚水、揽星七间房。因女主人是一名茶艺师，故而不管是庭院还是采光充足的房间，都设有选材考究的桌椅，可供住客惬意地喝茶、写字，"偷得浮生半日闲"。住在悟空民宿，晚上枕着幽幽桂花香入睡，清晨被一缕阳光唤醒，整个民宿与大自然浑然天成，百年楠木静立于院中，枝繁叶茂，静听灵岩古寺钟声袅袅，一院之隔，就是静谧的休憩之所。

还有很多民宿在创建中，相信会出现更多精品民宿成为都江堰市全域旅游的文化名片。

项目四　　售后服务

客人离店并不代表服务结束。在人们的印象中，付款前的热情与付款后的冷淡似乎已经成为定势，对所有付款离店的客人持续、真诚地关心和服务恰好是感动客人、赢得客户"芳心"的有效行为。

学习目标

1. 掌握退房的基本程序。
2. 了解客人离店后的后续服务内容。
3. 了解客户反馈的类型。
4. 理解网络互动点评的基本技巧。
5. 理解客户维护的基本方法。

◎ 设置情景

桃子和闺蜜即将结束她们的这次桂林阳朔之旅，民宿管家早已将她们所有的离店计划安排好。回家的路上桃子收到管家阿虹发来的送别语和祝福语，她和闺蜜都觉得这次闺蜜游能愉快结束，离不开民宿管家阿虹的周到服务和细微的关心。她们认为这次民宿带给她们不一样的住宿体验，心中竟有一点不舍。

任务一
温暖送别，服务周到

◎ 任务描述

民宿要给人以亲切感，从预订到售后服务，客人从民宿得到的每一份体验都直接影响着客人对民宿的评价、传播和复购行为。那么该怎样做好离店服务呢？

◎ 任务目标

1. 能掌握退房的基本程序。
2. 能描述送客离店的主要细节。
3. 能完成客人离店后的后续服务细节。

通常民宿离店服务包含离店前准备工作、退房结账、送客离店、离店后续服务四个环节。

一、离店前准备工作

客人即将离店，管家应把客人看作即将离开的亲友，提前与客人沟通，详细了解客人需求，做好相关服务准备。具体沟通事项有以下几点。

1. 了解客人离店的具体时间、房间号码、交通方式等。
2. 检查客人委托事项是否办妥，如代购的农产品、民宿特色产品等。
3. 再次确认客人预订车辆准备情况。
4. 与客人确认办理退房时间和行李服务时间，便于提供服务。
5. 通知前台客人的退房信息，让其提前做好客账，提高退房服务效率。

二、退房结账

1. 比约定时间提前5分钟到达客人房间。
2. 规范敲门，礼貌、热情通报："××先生，我是管家××，可以进来吗？"
3. "东西都收好了吗？""这个行李箱需要帮忙拿吗？"——边询问一边征得客人同意并帮助客人搬运行李，面带微笑、注视客人："请到前台办理离店手续。"引领、陪同客人到前台，同时提醒客人带齐物品。服务时应面带微笑、注视客人、用语礼貌，和抵店迎接时一样热情，切忌来时热情走时冷淡，这样会留给客人非常糟糕的印象，前面所有的工作几乎等于白做。
4. 前台管家需做到以下几点工作。

（1）提前准备账单。得知客人即将退房，前台管家应向私人管家详细了解客人退房的具体时间、房间号，提前核对客人账单。

（2）账单确认。客人到达时，前台管家应友好、热情地问好："××先生，早上好，麻烦你出示一下房卡。"快速打印账单并双手递送："请核对一下你的账单。"如客人核实无误，礼貌地让其签字确认，同时为客人递送签字笔。

（3）准确结账。前台管家应询问客人结账方式，准确结清账款，为客人开具发票，双手将找零及票据交给客人（如有押金应收回押金收据并退还押金）。一切办理妥当后，礼貌地与客人告别。

5. 特别说明。

（1）现在大部分民宿都有免收押金、免查房程序。

（2）如果客人在网上订房、网上支付，只需由私人管家直接交还房卡，客人即可离店。

（3）如果是无接触服务，客人直接在平台上完成支付，网上办理退房手续并确认离店，民宿主人更改进房密码后即完成结账服务。

三、送客离店

1. 办理完退房手续后，私人管家帮助客人将行李送上提前备好的车辆（或者是客人自驾车辆）并安放好。

2. 再次请客人确认有无遗留物品，避免遗漏。如果客人离开后才发现遗留物品，应及时联系客人恰当处理。

3. 为体现民宿特色服务，客人离店时可赠送临别伴手礼，使客人离开后能保留这段美好的记忆。

4. 打开车门送客人上车，挥手告别："一路顺利！随时等候您回家。"目送客人离开。

5. 特殊说明：客人离店前应请客人提供反馈意见，帮助民宿找到需要改进和完善的地方。反馈的方式多种多样，如与客人当面交谈；或是请客人与管家私信反馈；也可以在房内提供留言簿，请客人在上面写下自己的感受（图2—43）。管家可灵活掌握收集客人反馈信息的时机，如客人入住期间有感而发，与客人闲聊天时的顺势而为，或是客人离店前的最后时机……

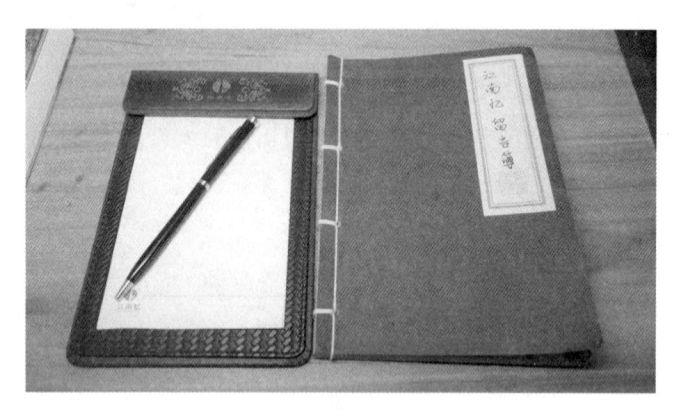

图 2—43　江南忆民宿留言簿

> **礼貌用语示例**
>
> "时间过得好快，您下次休假的时候再回来，我们准备好美酒美食等您。"
>
> "这次天气不是很好，阳光灿烂的时候您再过来，我带您去看日落金山，景色超美，很多人都喜欢过来摄影。"

四、离店后续服务

1. 温馨祝福：客人离店 30 分钟后或当晚，以电话、微信等方式问候客人，送上礼貌、真诚的祝福，延续服务，给客人不一样的温暖。

2. 建立客户联系档案：保留所有客人的消费档案及微信联系记录，并备注客人的姓名、爱好、消费状况等信息，便于以后联系。

3. 保持联系：管家应定期与客人联系，与客人交朋友，让他们成为自己的"粉丝"和传播者。比如，客人返程时的温馨问候、节日问候、生日问候、民宿新项目体验等，尽可能地收集客人入住期间的各类照片和喜爱的特产，作为礼貌赠送或为其代购，为客人制造惊喜。

> **礼貌用语示例**
>
> "您好！很久没有联系了，最近整理了一下活动照片，发现您上次参加活动的一些照片非常有趣，马上发给您。有空一定再来呀。"

◎ 任务实训

离店日正好是客人的生日。

分组讨论：此时管家应该怎么做，才能充分体现民宿的"家庭式"温暖服务？请编辑并模拟送客离店的流程。模拟结束后进行评分（表2-28）。

表2-28 实训评价

实训项目	项目要求	分值	得分
学习任务	内容详细完整、连贯	3	
	有自己独立、新颖的想法	3	
职业素养	普通话标准、流畅	2	
	语言温和有礼、有亲和力	1	
	动作规范、大方得体	1	
总分		10	

◎ 课后拓展

1. 请描述管家为客人结账的基本流程。

2. 客人离店后管家需要做些什么？

3. 请设计一段客人离店时，管家送别的祝福语。

◎ 设置情景

"在网上选了好久的民宿，最终选择这家，入住后确实没有失望。硬件软件都让我们非常满意，管家服务细心周到。谢谢管家阿虹给我们带来的贴心服务，会介绍朋友再来的！"愉快而特别的民宿体验结束后，小桃在在线旅游（OTA）平台做出了上述评价。管家阿虹留言："为您服务是我们的荣幸，欢迎您再回来。"

任务二
关注反馈，维护客户群

◎ 任务描述

消费者的需求千差万别，民宿从业者首先要学会倾听。倾听能让他们了解客人的诉求，做好针对性服务，这是让客人满意的起点。

◎ 任务要求

1. 知晓客户群和"种子"客户的重要性。
2. 清楚建立会员体系的原因。
3. 认识网评重要性并能和客户进行有效互评。
4. 清楚怎样的体验才是好的体验。

客人的反馈有多种，根据内容可分为正面反馈（表扬性）、负面反馈（批评性）及中性反馈（建议性、一般性及杂项）；根据途径则可分为线下反馈、线上反馈两大类。线下反馈可通过宾客留言、填写调查表、服务过程中的当面交流等方式获取，这时，负面反馈能通过及时合理处理，有效控制传播范围并转化为正面反馈。线上反馈传播速度和范围快而广，正面反馈能有效提升民宿美誉度，但负面反馈将带给民宿极其严重的不良影响。可见民宿运营中关注客户反馈、维护好客户群对塑造民宿社会形象至关重要。

一、关注客户反馈、积极网评互动

在在线旅游（OTA）平台上回复顾客点评是民宿维护客户、宣传自我的延伸和补充。及时、积极地关注客人反馈，耐心、诚恳地与客人互动很有必要，回复时间最好不要超过3天。对客人的建议和称赞要表示感谢；对客人的投诉，要积极采取措施予以补救，并做好客户关系的维护工作。需要注意的是回复应该具有针对性，体现民宿的个性化、人性化，而非千篇一律地按模板回复。

（一）点评类型

民宿管家除了要面对面处理客人的投诉，还要认真回复网络订房顾客的点评。好评能引导和帮助想要预订的顾客下决心。我们来看看表2—29中有哪些类型的点评呢？

表2—29 民宿顾客评价

类别	感情色彩	举例
差评	实事求是型	民宿没有停车位，很不方便
	情绪型	这个民宿太烂了
	混合型	这个民宿太烂了，竟然没有停车位
中评	凑字数型	呵呵
	感受普通型	还行，还过得去
好评	喜爱型	真不愧是××民宿，一定推荐给朋友
	举例说明型	房间设计得很好，床很舒服，前台服务人员热情周到，介绍了景点的线路，非常贴心

面对上表中的评价，民宿管家应该如何回复呢？

（二）针对性回复技巧

1. 回复"差评"。

（1）对于"实事求是型"的差评内容，建议以诚恳的态度，实事求是地说明情况以及解决方案。这样，在回答的同时也向潜在顾客表明"如果您来入住不会再遇到同样的问题"。对于真的无法解决的问题，也应坦诚、委婉地加以说明，避免让回头客或潜在顾客产生过高期待导致更大的失望。

（2）回复"情绪型"差评，同样要以诚恳的态度，表明为给顾客带来不好的

169

感受而抱歉，以不带任何情绪的语句咨询问题出在哪里，展示民宿对于解决问题的决心与诚意。

（3）给出"混合型"差评的客人可能属于开放型客人，性格豪放，对任何事情都毫无保留地形于言表；也可能是啰嗦型、急躁型，或是混合型客人。经营者应认真听取客人的意见，有效合理地使用语言技巧与之沟通，最忌与混合型客人辩论。

2. 回复"中评"。

对待"中评"可以简洁、略带俏皮地回复。可以在回复中简单地介绍一下民宿的最新活动，也可以顺着顾客的话茬接上去，如顾客说"还行，过得去"时，可以回复："争取下次让您说'很行，非常好'！"

3. 回复"好评"。

对于"好评"，回复时不应只是简单表示感谢。可以使用前一位顾客的评论内容，营造一个类似社区的氛围，也可以展示民宿对于忠诚顾客的奖励措施，从而暗示潜在顾客。如果是对于在评论上明确给出"好评"的回头客，更可以用一些充满感情的语句表示感谢，或者告诉他一些民宿的新变化，这其实也是对潜在顾客的吸引。

（三）其他技巧

1. 首先应感谢顾客的点评，感谢顾客对民宿的关注与好意。最后应表示欢迎顾客再次光临。注意在同一页面中尽量让文字有差异。

2. 可以主动向客人寻求反馈，可以用这样的语句来表达："如果您能够……那对我们的帮助就太大了，在这里先表示由衷感谢！"

3. 对于一些顾客做出的有可能不符合实际情况的指责，民宿应表明态度："这绝不是我们所提倡的待客之道""这违背了我们的设计初衷"……坦荡表示欢迎任何的批评："如果可以，请与我们联系，我们会尽快找到解决的方法。"

4. 对于确实存在的问题，应坦率承认。

（1）硬件问题：如果可以改造，告知可能的改造计划；如果无法改造，想办法提出解决方案。注意态度有时候比方法更重要。

（2）服务等软件问题：应明确表示对于解决问题的诚恳态度，说明这绝非民宿希望呈现的，并提供有诚意的解决方案。

5. 顾客提出的价格问题，其实往往反映了顾客对于价格的认知以及对性价比的不满，对于这类问题，民宿管家可以说明本民宿在同类、同区域民宿中所处的价格区间，并提出本民宿在服务、地段等方面的优势以展示价格的合理性。

6. 切忌指责顾客，也不用卑躬屈膝。宜表现得落落大方、坦坦荡荡、专业、礼貌、真诚友好、不带情绪。

"差评"一旦出现，民宿平台排名会立即下降，想要说服客人"撤差"极其困难。因此，防患于未然，提升民宿产品质量、维护好客户关系是最好的"避差"方式。

二、竭力维护好客户群

选择民宿的客人，大多心怀一点小浪漫，抱有一定期望心理，如何让他们成为民宿的"忠诚"客户？本书总结了以下几点。

（一）优质体验是基础

优质体验是维护客户、获取正面反馈的基础。民宿要密切关注客人的反馈，了解客人的需求，持续优化产品，想方设法提高服务品质，提升用户体验感，让客户主动为民宿发声，为平台排名提升创造条件。基本措施如下。

1. 重视客人"求干净"的基本需求，注重民宿卫生细节。

客人外出旅游最在意"卫生"，这几乎是所有客人的第一需求，干净整洁的卧室、窗明几净的餐厅总能给客人带来美好的居住体验。通过定期消毒，清除各区域的异味，保持家具洁净完整、布件整洁等细节营造精致干净的民宿环境，让客人留下良好的印象。

2. 提供生活便利，满足客人"求方便"的诉求。

（1）对于自由出行和游玩的客人民宿可为其提供公交卡、地铁交通卡，方便客人出行；主动帮助客人订票（演出票、景区票等）、提供旅行攻略、线路规划建议等，尽可能为住客提供方便，让客人心想事成、留下美好回忆。

（2）客人外出一般都是"轻装上阵"，总会忘记带一些生活用品，号称"家"的民宿应尽力为客人备齐下列物品：①额外的毛巾、浴巾、枕头、厕纸、餐巾纸、拖鞋、餐具、插排等日常用品，满足客人日常生活需求；②雨伞或一次性雨衣，避免淋湿的尴尬，温暖客人的心；③应急医药箱（内放酒精、创可贴、棉签、医用绷带等）；④针线盒、湿纸巾、牙线、电蚊拍、电蚊香；⑤一次性橡皮筋、卫生巾、卸妆水（或卸妆油）等女性用品，用细致的性别服务，牢牢抓住女性客人的心，而女性往往是家庭中外出旅游的决策者；⑥为商旅用户提供熨斗和烫衣板（或小型挂烫机），手机充电器，数据线；⑦为带宝宝的家庭提供婴儿车……

民宿经营者应站在客人角度关注客人需求，尽量满足不同客人的个性化需求，让客人像住在家里一样方便和舒心。

3. 家庭氛围营造，满足客人求"舒适""温暖"的心理。

（1）客人入住时，房中的一碟水果、中秋节的几块月饼、卫生间里熟悉的品牌洗漱用品、一句暖心的问候……能营造出温馨、熟悉而自然的氛围，让客人产生"回家"的亲切感、温暖感。

（2）客人离店退房时，民宿管家送上两瓶水、一些当地特产、一个大苹果（寓意"平平安安"）……虽成本不高，却能让客人感受到无微不至的关怀。

情感是相互的，当民宿用心关注客人反馈、关注客人每一个细微需求时，客人定会暖暖地"投之以桃"，给予民宿正面积极的评价。

（二）建立客户群，凝聚种子客户

维护客户群需要民宿主人付出更多努力。首先民宿主人要建立并不断扩大自己的客户群，在客户群中表达自己民宿的态度、心声、未来的愿景等；特殊节日简单写一封温暖问候信……从情怀到现实传递民宿理念，获取客户的支持。

对于种子客户，民宿主人更要花心思与他们做朋友。比如，以沙龙的形式，无私地为种子客户提供场地招待他们的客人及朋友；推出新产品时，邀请种子客户先体验并提出建议，共同参与民宿的运营和改建，让他们感觉倍受重视；了解种子客户的生日、特殊爱好等，邮寄种子客户心仪的礼物……用心把种子客户聚集在一起，让他们成为民宿最好的合作伙伴，通过他们的资源和人脉塑造民宿的口碑。

（三）制定有效的会员体系

良好的会员体系，是民宿与消费者建立互信的基础，能够极强地维护固有的消费群体，同时又能吸引更多的新鲜血液。通过对会员反馈问题的认真处理，能够不断调整会员体系、改善管理运营方式，为消费者提供更优质的服务，这也是维护客户关系的有效方式之一。

不论是对客户群、种子客户还是会员，专注品质、用心维护应当是持续不断的过程。品质是基础，良好的客户关系是最好的润滑剂，以最小的投入获取最大的支持，保持着最受欢迎的姿态和面貌，是民宿持久发展的核心要素。

◎ 任务实训

活动一：分组练习客人退房处理程序及细节。练习后进行评分（表2—30）。

表2—30 实训评价一

实训项目	项目要求	分值	得分
学习任务	内容详细完整、连贯	3	
	有自己独特、新颖的想法	3	
职业素养	普通话标准、流畅	2	
	语言温和有礼、有亲和力	1	
	动作规范、大方得体	1	
总分		10	

活动二：如果你是民宿管家，客人离店后，你会做什么？同学们分组讨论，最后进行评分（表2—31）。

表2—31 实训评价二

实训项目	项目要求	分值	得分
学习任务	内容详细完整、连贯	3	
	有自己独特、新颖的想法	3	
职业素养	普通话标准、流畅	2	
	语言温和有礼、有亲和力	1	
	动作规范、大方得体	1	
总分		10	

活动三：

1. 针对以下客人的点评，应该怎么回复？

"非常贴心的服务，旺中带静的地点，干净舒适的房间，房间一点味道都没有；更加令人惊喜的是客房，房间又大又舒服，细节做得很好。很满意的民宿，贴心的服务我很喜欢，比星级酒店还要好。"

"真的是家很烂的民宿，房间在顶楼6楼，楼层高又没有电梯；空调老化不制冷，夏天热得不得了；距离市中心较远，游玩也不方便，不会再推荐朋友选择这家民宿。"

2. 分组活动：尝试回应差、中、好三个等级的评价。

◎ 课后拓展

1. 面临投诉，民宿管家有哪些应对技巧？

2. 回复客人点评的技巧有哪些？

◎ 知识链接

影响民宿在在线旅游（OTA）平台排名的因素大致有以下几点。

1. 销量：同一时期内，销量越多，越利于提升排名。

2. 点评：点评数量越多，分数越高，越利于提升排名。

3. 确认率：确认率＝确认订单数÷总订单数。确认率越高，排名越靠前。

4. 与网站的深度合作：如成为携程旅行网的金银牌商家、去哪儿网的金冠商家、艺龙旅行网的钻石商家也有利于提升排名。

5. 信息完整度：民宿信息的完整度越高，排名越靠前。

6. 活动参与度：各大OTA平台上有各类"机＋酒""景＋酒"促销活动，应积极参与此类活动。

7. 佣金：一般来说，佣金越高，排名越靠前，但是佣金对于OTA平台排名的影响并不是很大。

8. 保留房数量：保留房是 OTA 平台可以直接确认给客人的，无需民宿的同意。民宿应设置一定比例的保留房给 OTA 平台，从而提高预订率及排名。

9. 拒单率：及时掌控房态信息，尽量不要出现拒单的情况。

模块三 民宿创业

　　随着旅游业的飞速发展，旅游者的日趋增多，民宿较大程度上满足了旅游者的个性化需求，近几年迅速崛起，越来越多的人接受并且喜欢上这种住宿形态，在旅游产业体系里逐渐扮演起举足轻重的角色，成为越来越多人投资和生活方式的选择。

　　当一名中等职业学校饭店专业毕业生，经过在民宿行业历练，具备一定行业工作经验和运营管理经验之后，是否能尝试着去管理或创建一家民宿呢？答案是肯定的！如何创建和管理一家民宿？这是本模块需要解决的问题。

项目一　　民宿创建的步骤

民宿创建并不容易,从初入民宿行业,成长为管家、管理者,再到创业者,过程无比艰辛。但有梦就不会停下前进的步伐,我们探究创业的基本步骤,是为梦想者提供一点参考。

学习目标

1. 掌握民宿选址的几大要素。
2. 掌握民宿调研的基本方法和内容。
3. 通过民宿调研范例赏析明确投资热点所在。
4. 能清晰明了地进行民宿定位。
5. 能进行基本的成本预算。
6. 掌握房间定价的基本方法和价格策略。
7. 了解民宿建造与装修的基本流程。
8. 知道开业需要准备的内容。
9. 能设计简单的开业庆典方案。

◎ 设置情景

小王家住郊区,四面环山,山水相依,随着旅游业持续升温,加上他家离风景名胜区很近,他从学校毕业后就一直在考虑把自家的房屋打造成民宿,但自己也不知道可行不可行。他想了解需要办哪些手续,想得到有效的建议,不想盲目投资。

任务一
民宿的选址要求

◎ 任务描述

随着旅游行业发展,民宿作为一项投资,其风险也在增加,一方面源于物业成本和运营成本的增加,另一方面经营竞争的加剧也是现实问题。因此,想要经营好一家民宿,一开始的选址、政策风险评估、设计风格定位、规模、客户定位、营销、服务等就非常重要,一样也不能少。在这个行业里取得成功,不再是轻易出现的偶然情况。我们现在就从选址这一点切入,从选址的客观条件分析入手,考虑影响民宿成败的几个关键要素,进而把这些要素综合到都江堰市本地的情况,分析归纳出11个目前及未来可能的民宿热点投资区块,供大家作为参考。

◎ 任务要求

1. 了解民宿择地需考虑的10大要素。
2. 能有效运用要素进行自我创业分析。

由于民宿在都江堰是一种新的业态,因此我们无法做大数据的精准分析,只是希望通过这样的介绍,让大家对民宿在都江堰的发展有一个宏观了解,并且在考虑进入的时候,能够有对应的参考标准,降低因信息不对称而拉高的投资风险,希望能切实给予大家帮助和指导。

民宿选址很有考究。世界饭店业标准化之父,也是现代酒店业的鼻祖——埃尔斯沃思·斯塔特勒有一句著名的话:"对任何酒店来说,取得成功的关键是位置、位置还是位置。"这句话对于创业中的我们来说,依然十分受用。究竟要选择在哪里进行投资,又应该具备什么样的条件才可以进行投资呢?

图3—1是笔者总结出的关于民宿选址的10个参考项,10个参考项的重要程度不分轻重,可以根据具体的案例,进行综合考量。

气候	区域政策风险
交通通达性	物业及建设成本
生态环境	运营及管理成本
区域景观独特性	区域客流稳定性(季节性)
区域基础配套条件	区域文化氛围,民情

图3—1 民宿择地的十大考虑要素

一、气候

气候是指长时间内气象要素和天气现象的平均或统计状态。和天气的区别在于气候具有一定的稳定性。

以服务度假游客为主的民宿产品,气候是一个重要条件,而这在所有条件中,也是最稳定的一个要素,长时段内不会发生剧烈变化。民宿所在地常年拥有适宜的温度、光照及降水,不会经常出现极端天气,都是游客通行顺利的前提。例如,中国北方大部分区域属于季风性气候,夏天炎热,冬天寒冷;青藏高原地区,自然条件较为恶劣,适合营业的时间有限,这些地方都难以形成大规模民宿集群,而都江堰拥有得天独厚的自然资源、地理环境,使其成为绝佳的民宿选择地。

二、交通通达性

作为一个需要消费者到达才能产生消费的行业,消费者到达的便利性是非常重要的因素。距离市场的远近决定了客栈民宿潜在客群的规模。随着交通网络布点的完善,特别是地铁、高铁和绕城高速的修建,抵达时长成为和距离同样重要的影响消费者的参考项。在这一点上,都江堰也同样具有优势。

三、生态环境

因为民宿属于休闲旅游的范畴,消费群体大多来自城市,通常他们会希望获得与日常生活不一样的体验,因此民宿所处区域的生态环境好坏是客户进行选择的重要参考项,空气、水体干净,周遭环境无破坏,无过多违和建筑,保持原生态是最理想的情况。

四、区域景观独特性

民宿其实是游客出行的集成点,民宿的选择其实是旅行度假综合诉求的体现。或者说，客户选择一个区域的民宿，很大一部分原因是基于旅行度假的需求。因此，民宿所处区域景观的独特性就显得尤为重要，景观的独特性意味着带来的客群流量。如果民宿所处区域有一个5A景区，或者有一个世遗景点，那其对应的流量就比普通的区域更大。

五、区域基础配套条件

民宿体量较小，在布局上具备灵活性，可以与其他建筑功能区伴生，也可以作为独立的个体运营，但无论是混居还是独立运营，作为经营主体所需要的水、电、排污、消防等诉求都需要考虑；如果民宿所在地基础配套不完善，就会导致整体建设运营成本偏高。特别是在一些风景区内，排污管网设施、水电通路等基础设施都要做系统的考虑。

六、区域政策风险

政策因素是这个行业最不可控一个因素，因为行业新，所以很多政策法规不甚明朗，不同区域的地方政府对该行业所抱持的态度也不一样。运营所需证件办理的难易程度，一些政策性的"利好"或"利空"，都有可能对投资项目造成颠覆性的影响。

七、物业及建设成本

民宿经营者除非是自有物业，不然无论是租赁或购买的物业，都会成为做这个行业的一个重要支出。作为一个投资项目，这可能是最大的一项固定成本支出，因此需要提前考察。

八、运营及管理成本

民宿建成后，是否易于运营，适合的工作人员是否容易聘得，当地人工成本的高低，物价的高低，日常变动成本的考量也非常重要。

九、区域客流稳定性（季节性）

民宿这种住宿形态规模小、运营灵活，但同样存在客流不稳定的状况。特别是对于一些高端民宿，配套人员较多，季节性的客流变动会对收益造成较大影响。一个区域能否形成民宿的集群，稳定的客流是重要的前提。

十、区域文化氛围、民情

民宿除了投资属性，还具有文化属性，因为其驱动力来源于大家对于理想生活状态的向往，并希望以运营民宿的形式去实现。消费民宿的群体也是冲着这种生活方式而来。因此，区域文化氛围是非常重要的因素；也是吸引有共同志趣的人前来投资民宿并形成集群的要素。而民宿所在地的民情，是否让人生活愉悦，让客人在旅行过程中不产生额外的负担，无论对于民宿投资者还是消费者，都是重要的参考。如乡上品·陌见山民宿取其意"阡陌之上望见远山"，就相中周边浓郁的农田气息和开门见山的氛围。

二维码：乡上品·陌见山民宿鉴赏

◎ 任务实训

小王通过学习以上内容，才发现原来开一家民宿有这么多的事情要考虑，于是开始着手进行实际调研分析。

活动一：对民宿选址展开调研，调研后填写民宿选址十大要素分析表（表3—1）。

表 3−1 民宿选址十大要素分析

要素	优势	劣势
气候		
交通通达性		
生态环境		
区域景观独特性		
区域基础配备条件		
物业及建设成本		
运营及管理成本		
区域政策风险		
区域客流稳定性（季节性）		
区域文化氛围，民情		

活动二：将调研内容进行有效阐述，并进行评分（表 3−2）。

表 3−2 实训评价

实训项目	项目要求	分值	得分
内容	表述清晰	2	
	介绍详细、准确、完整	2	
	有自己独立、新颖的观点	2	
语言表达	普通话标准、流畅	1	
	声情并茂，有感染力	1	
职业素养	举止有礼、符合行规	1	
	微笑，有亲和力	1	
	总分	10	

◎ 课后拓展：

选择一家你喜欢的民宿，运用以上所学内容进行实际分析。

◎ 知识链接

都江堰市游客需求趋势

随着出行条件的不断改善，加上假日期间全国高速公路小客车免费通行政策的实施，选择自驾、自助游人数增多。近郊游、省内游、乡村旅游等中短线旅游备受欢迎，家庭式小团体游客成为假日旅游的主力军。青城山—都江堰景区依然保持着核心优势，对游客有很强的吸引力。随着人们对回归自然、体验乡村生活的需求不断增加，七里诗乡、玫瑰花溪谷、虹口花谷、拾光山丘、猪圈咖啡等乡村旅游景点吸引了大批游客前来休闲旅游，江南忆、坐忘、闲在迳舍、七只雀、悟空、花霁等特色民宿备受游客青睐。都江堰市离成都30分钟的车程既是优势又是劣势。要想方设法留住客人，就要花大力气在吃、住、游、购、娱上下功夫。

◎ 设置情景

小王了解了选址的基本技巧,感觉自家可以开一个乡村民宿。但近几年民宿发展很快,周边也有好几家,自己再开是否可行,应该朝哪个方向发展?小王心里完全没底,所以他决定先调研一下,了解一下其他乡村民宿的基本情况,做到知己知彼。

任务二
民宿的调研

◎ 任务描述

小王深刻地认识到:物业成本和运营成本的增加、市场竞争的日益加剧都是经营民宿要考虑的因素。为了开好自己的民宿,市场调研应该是必做之事。

◎ 任务要求

1. 能清楚地知道自己创业的目的。
2. 能掌握最基本的市场调研方法和内容。

调研是开民宿前必不可少的一个环节,只有通过调研,了解民宿的行业讯息,才能在投资的时候做到心中有数。

一般而言,调研方法有:文献调查法、电话询问法、观察调查法、互联网查阅法、实地调研法和座谈等多种形式。

我们在调研时要详尽调查和了解:创业初衷、定位分析、市场前景、风险控制、产权属性、当地政策等方面的内容。

一、为什么要开民宿

首先要清楚自己为什么要开民宿。

1. 纯粹是一种投资行为,把开民宿作为一个商业项目。
2. 情怀驱使,想要体验另一种生活。
3. 介于二者之间,投资和情怀各占一半。

店主本来是受情怀驱使，厌倦了都市朝九晚五的单调工作，来到一处美美的地方，开一家有情调的店，每天睡到自然醒，不用担心迟到，和远道而来的客人聊聊天。结果开了一段时间，在运营管理过程中，他却发现现实情况和理想偏差太多，每天被一些琐事困扰，既要接待客人，还要打扫卫生。碰到刁钻客人，还要赔笑脸，比以前的工作还要累。这时候店主很容易迷茫，所以开之前一定要明白自己的初心。

二、民宿定位思考

1. 地域定位：即民宿投资地域选择。地域定位中，有大地域定位和小区域定位两种。大地域定位就是某一个省份、城市、县镇、乡村的定位。小区域定位就是在这些大地域里确定某一个具体位置。

以大理为例，选择大理就是大地域定位。选择大理古城、洱海边、苍山下这些区域，就是小区域定位。

2. 民宿市场定位：民宿要做低端市场、中端市场、还是高端市场。对客户市场的细分有清晰明确定位，才能在民宿建设、经营、营销推广过程中做到有的放矢。

3. 民宿设计装修风格定位：在民宿设计装修前，要清晰地选择民宿的装修风格。是采用个性化的装修还是采用田园自然风格、古典风格、地中海风格、欧式风格、当地建筑风格等。民宿设计、装修风格的定位一方面体现着业主的品位、格调、情怀，另一方面也是对客户市场的一个细分。

4. 目标客户定位：对潜在客户的年龄层次、收入水平、职业状况、客源地等进行系统分析，最后确定目标客户范围。

三、当地政策

当地政府的态度决定着民宿能否健康持续发展。由于每个地方的政策不同，前期对当地政策的调研应了解当地政府对民宿的态度，是积极支持引导还是放任不管、打压。

1. 当地政府有无对民宿的管理条例。
2. 关于办理各种证照的流程及难度。

3. 道路、排污、路灯、标示牌等公共基础配套设施是否完善。

四、市场前景

关于对市场前景的调研，应该从宏观和微观两个方面调查。宏观方面可以从国家经济形势及民宿行业发展形势分析。微观则看民宿所在地的民宿行业形势及竞争。

（一）利用 PEST 分析法分析

PEST 指宏观环境的分析，P 指政治（Politics），E 指经济（Economic），S 指社会（Society），T 指技术（Technology）。具体分析如下。

1. 政治分析。

国家及地方政府纷纷出台对民宿的政策。2015 年以来，多部法律及指导意见的颁发，为民宿行业提供了良好的政策环境。

2. 经济分析。

随着国民可支配收入的提高及消费升级，未来旅游业还会持续增长。

3. 社会分析。

分享经济下闲置房产资源的利用及客人对个性化住宿的需求，使民宿行业还有很大的增长空间。

4. 技术分析。

互联网技术的发展为预订、支付提供了诸多便捷。

（1）线上预订渠道多样化既丰富了消费者的选择，也给民宿带来了机遇和挑战。

（2）智能化系统的发展，为民宿带来智能化管理、智能化设备，如智能管理系统、智能门锁。

（3）线上预订、支付技术的发展也影响着民宿业的服务内容和财务管理模式。

（二）微观地区民宿行业调研

调研内容：区域内民宿数量、档次、价格及选址地点。这些数据信息可以从各大在线旅游（OTA）网站上查询。统计低、中、高端民宿分布情况。

1. 周边环境。调研民宿周边基础设施是否完善，包括水电网、道路、路灯、排水系统、防灾设施等。

2. 周边配套设施。调研民宿周边超市、餐饮、交通、银行、娱乐设施配套是否齐全。

3. 区域内成本。调研民宿的人工成本（建设人工成本及管理人工成本）、建材成本、水电网成本等。

4. 区域内租金水平及房东诚信情况。租金水平直接影响着投资回报速度。选好区域后，在和房东签订合同时，要先考察房东人品及诚信情况，一个好的房东有助于民宿更好地发展。

5. 区域内客流量。调查民宿所在区域内客流量一年大约为多少，和往年相比较，流量是处于上升阶段还是平稳阶段还是处于下滑水平，数据可以从地方旅游局发布的信息获取。调研客流量分布情况、客人滞留天数、客流量月份分布、客源地情况、客流量年增幅情况等。

6. 区域周边依附城市。调研民宿所在地依附城市的数量有多少，经济水平如何，依附城市居民是否有出行旅游习惯。很大一部分客流来自区域周边的城市。

7. 区域内交通通达性如何。调研民宿所在地交通网络辐射范围及交通工具体系是否完善，如有机场，可以直飞哪些城市。从周边城市过来最多需要多少个小时的车程。客人出行游玩，交通成本（包括费用及时间）是其考虑的一个重要因素。

五、风险评估

开民宿属于一种投资行为，在经营过程中可能存在着各种风险，涉及投资回报率、盈利状况。调研过程中要进行风险辨识、分析、评估，争取把风险降到最低。可能存在的风险包括以下几种。

1. 法律风险。证件不全引发的风险，如缺乏特种行业许可证、消防许可证导致被政府部门罚款、整顿、取缔，直接导致经济损失。

2. 盈利风险。由于竞争激烈、经营管理不善等因素引起的收支不平衡、盈利空间小、投资回报速度慢，从而带来盈利风险。

3. 自然灾害风险。地震、台风、泥石流、暴雨等引发的灾害。沿海一带的民宿，夏季应做好预防台风措施，处于山区的民宿应做好泥石流防范工作。

4. 意外事故风险。民宿可能面临火灾、爆炸的风险。一旦发生这些情况，后果严重，会给民宿带来重大损失。民宿要做好防火措施，备置消防器材，消除隐患。一些由木材构造的民宿，客房内应禁止吸烟、点蜡烛。

5. 租赁合同风险。合同权责不明，导致双方纠纷或者单方面违约。

6. 人身意外风险。客人、员工在客栈民宿内发生意外的风险，如客人在店里摔倒、跌落、被器物砸伤等。

六、经营模式

民宿经营模式包括单体（个体）经营、合伙（家族）经营、连锁经营、加盟经营、公司经营、承包经营、转让接手经营。经营模式类型多样，应根据实际情况选择。关于转让接手经营要注意以下事项。

1. 弄清业主转让的真实原因。客栈民宿转让原因有几种：经营不善、收入支出不平衡；盈利空间小，回本困难；业主个人原因；作为一种投资行为，通过转手获取利益和其他原因。

2. 查看证件是否齐全。

3. 查看网络评价情况，各大在线旅游（OTA）网站评论数量及评分情况。

4. 检查水电网、监控等基础设施情况。

5. 查看合同剩余年限及租金情况。

6. 调查房东诚信情况。

◎ 任务实训

如果你要开一家民宿，请说出你的初衷以及想要装修的风格？

◎ 课后拓展

选择一家你喜欢的民宿，运用以上所学内容进行实际分析。

◎ 设置情景

小王走了一大圈，调研了好几家民宿，很有心得。想写一个调研报告，作为自己创建民宿的参考。课时调研报告应该怎样写呢？他觉得自己需要先学习一下。

任务三
民宿调研范例赏析

◎ 任务描述

本文从选址切入，从选址的客观条件分析入手，考虑影响民宿成败的几个关键要素，分析归纳出11个目前及未来可能的民宿热点投资区块，供大家做参考。

◎ 任务要求

1. 对11个热点区域民宿进行初步了解。
2. 参照各区域优势进行总结。
3. 能说出都江堰市所在区域的典型特点。

民宿分布的区域，大部分是城市之外的乡村地区，是整体经济相对落后的地区，向乡村发展成为民宿行业发展的新方向。这就是所谓后发优势。现提供一些优秀范例作为参考。

一、滇西北民宿群

（一）区域描述

该区域位于北纬25°～北纬28°，高原气候，秋冬季半年干燥，空气能见度高，光照足够；夏天气温不高，一年适宜游玩天气多；区域内自然景观奇异性和独特性高，少数民族文化斑斓多姿，拥有一个世界自然遗产（三江并流），一个世界文化遗产（丽江古城），一个世界地质公园（大理苍山）。这个区域，是民宿发展最早，发展较成熟的区域之一，也是民宿投资最炙手可热的区域。

（二）区域劣势

1. 偏居中国西南边疆，交通对于市场人群而言还较为不便。

2. 缺乏规范，部分区域出现过饱和状况，带来一系列问题，影响游客的旅行体验。

3. 政府对于行业的处置应对水平较为低下，产权问题突出。

4. 污染问题，如洱海出现的水体富营养化问题。

（三）发展前景

1. 交通配套提速，缩短市场与区域目的地的时间距离，降低交通到达成本，前景利好。具体包括：沪昆高铁通车，昆明—大理—腾冲快速铁路修建，泸沽湖机场通航，腾冲机场升级，大理机场将迁址改建。从区域节点到景点的道路建设也会逐步升级。

2. 大量酒店资金进入，不同档次及体量的酒店修建，让区域知名度不断提升。

3. 民宿运营整体水平也在提升，可以期待该区域成为中国最知名的休闲度假区和客栈行业最发达的区域。

（四）部分民宿点位

1. 大理：包括双廊在内的洱海周边区域、大理古城及周边、沙溪、诺邓、巍山古城。

2. 丽江：大研古城、束河、拉市海、玉龙雪山下白沙镇、泸沽湖区域。

3. 香格里拉：独克宗古城、松赞林寺周边、纳帕海周边、德钦梅里雪山周边飞来寺。

4. 怒江州：六库、丙中洛。

5. 保山市：腾冲和顺古镇。

此外，澜沧江谷地（如茨中）、怒江谷地（如丙中洛）、金沙江（如虎跳峡）也会点状出现以目的地为中心的民宿。

二、川藏线民宿带

（一）区域描述

该区域覆盖从成都平原经横断山区进入传统藏地的广大区域；大山大河紧邻，地貌变化巨大，藏民族风情多元精彩，同时川藏线作为进西藏的重要通道，是中国自驾游最繁忙的一条世界级的景观大道。而且该区域的一个端口连着成都这个重要的市场来源地和客源窗口，目前民宿主人要沿着317、318国道分布，主要集中在几个市镇上，以中低端民宿为主，主要接待季节性自驾和骑行游客。

（二）区域劣势

1. 区域间低海拔河谷地带纵深狭窄，视野受限；高海拔高原平面，景观优美，但多是会让人产生高原反应的区域，人群适应受限，而且适宜旅游的季节只有4个月。

2. 交通通达度太差，受限于两条进藏国道，旺季及雨季期间经常出现拥堵和中断。

3. 旅行淡旺季落差太大，旺季时一房难求，淡季时难以支撑运营。

4. 外来投资者需要了解当地文化才好介入。

（三）部分民宿点位

1. 甘孜藏族自治州：塔公、康定、新都桥、理塘、稻城、亚丁、丹巴。

2. 阿坝藏族羌族自治州：九寨沟、松潘、桃坪羌寨、米亚罗。

3. 昌都：江达、八宿、左贡。

4. 林芝：八一、波密、朗县、工布江达、然乌。

5. 拉萨：曲米路、北京东路、青年路。

6. 日喀则。

三、湘黔桂民宿群

（一）区域描述

湖南、贵州、广西三省交界处，也是中国第二阶梯云贵高原，下到海拔更低的第三阶梯的交界处，区域沿着雪峰山及武陵山、苗岭一线分布；山水相交，景色绝美，同时这里也是多民族聚合交融、和谐共处之地。区域内有包括桂林山水、崀山丹霞地貌、喀斯特地貌等世界级的景观；从区位上看，该地区与珠三角、川渝、华中城市群落等来客市场有便利的交通干道，通达性好，也是东部地区去往西南陆路交通的必经之地。

（二）区域劣势

1. 区域内部的经济条件较差，对外部客源的依赖性过高，旅游淡旺季明显。
2. 从大交通节点到终端的交通条件有待改善，因此从时间距离来衡量，还是离市场目的地远。
3. 东部往西部的过路游客居多，停留天数少。

（三）部分民宿点位

1. 贵州：镇远古城，西江千户苗寨，肇兴侗寨。
2. 湖南：凤凰古城。
3. 广西：三江县、龙胜梯田区域、桂林、阳朔漓江一线。

四、海南岛客栈群

（一）区域描述

纬度决定了海南岛在中国旅游版图中的重要角色。充足的阳光和温暖的气候，加上作为海岛的热带景观，成就了它长盛不衰的美名。作为中国的第二大岛，它拥有漫长的海岸线，环境及区域经济的承载能力高，发展旅游的历史较为悠久，区域内的海口和三亚是海南的重要航空枢纽，环岛高铁和高速也都齐备，交通配套成熟。

（二）区域劣势

1. 旅游业发展较为充分，适合做民宿的区位及性价比高的物业较为难求。
2. 旅游区商业化气息浓厚，难以凝聚民宿的文化氛围。
3. 知名度过高，区域旅游发展中的负面新闻给民宿发展带来影响。
4. 豪华星级酒店及连锁酒店等其他替代住宿形态对民宿的发展的冲击较大。

（三）部分民宿点位

1. 三亚。
2. 东方。
3. 陵水。

五、浙南闽北客栈群

（一）区域描述

闽浙交界地带，仙霞岭、武夷山、鹫峰山系纵向分布，山岭之间有河川谷地，绿化率达到80%以上，生态环境极佳。落于山岭之间的古村落，有着悠久的历史，不少还保持着和周边环境和谐共处的美好状态，区域内有世界自然和文化遗产武夷山，世界自然遗产泰宁丹霞、浙江江郎山，世界地质公园太姥山等世界级的景区，随着高铁及高速路网在本区域的布局完善，从本区域往返周边客源地的通路已经成熟，有望成为周边城市度假休闲的长时段目的地。而且民宿属于刚刚发端的阶段，物业成本相对较低。

（二）区域劣势

1. 刚刚发端的市场，属于民宿的"生地"，进入的不确定性因素较多。
2. 周边包围的民宿群落具有强替代性，竞争激烈。
3. 部分从交通干线到景区村落的衔接交通还是不便。

(三) 部分民宿点位

浙南：泰顺、江山（仙霞岭）、丽水、松阳。

福建：泰宁（古城）、大金湖周边丹霞地貌带、武夷山（下梅村、保护区毗连区村落）、屏南（白水洋周边及古村落）、周宁（古村落）、福安。

六、徽文化圈民宿群

（一）区域描述

传统徽文化区以安徽黄山市所辖县市及江西婺源市组成，其历史文化传承对于皖、赣、浙辐射影响巨大，特别是在建筑文化形态上，徽派建筑文化誉满中国。该区域内自然和文化景观丰富，西递、宏村世界文化遗产、黄山世界文化与自然遗产、三清山自然文化遗产等，景色独特性和美誉度高。同时该区域距离经济发达的长三角城市群非常近，高铁和高速路网对区域基本实现了覆盖，区域条件优越。

（二）区域劣势

1. 气候在秋冬季有半年积温低，影响度假人群的进入。
2. 部分作为世界文化遗产地毗连区，限制性条件多。
3. 区域内部的村落密度高，容易陷入同质化竞争。

（三）部分民宿点位

1. 安徽：黄山市域范围内的徽派村落，如黟县的西递、宏村、关麓、南屏及周边的村落，黄山景区周边，齐云山景区周边。
2. 江西：上饶三清山景区周边，婺源的徽派村落。

七、客家文化圈民宿群

（一）区域描述

客家民系作为中国重要的民系依然在区域文化中发挥着巨大的影响力，位于赣南、闽西、粤东的这块区域，是传统客家文化的核心区块。三省以赣州、汀州（长汀）、梅州为核心，对客家语言及文化进行传承。客家民系由于其在中国历史中带有"流亡"的状态，因此其整体带有保守的属性，内部凝聚力强，宗族观念强烈；对外则带戒备的属性，直观的反映就是大量存留的土楼、围屋、土堡等带防御性功能的建筑和村落。这些建筑和村落是发展民宿及客栈的极佳载体，而客家文化的精彩多元，也是让来客开展深度游玩度假的条件。该区块离珠三角及福建沿海经济发达区域较近，高铁和高速网络也覆盖到位，发展前景良好。

（二）区域劣势

1. 区域内部的整合度有待提高。
2. 目前开展的民宿整体水平有待提高，缺乏高端产品，市场认知度低。
3. 老民居的物业较为分散，产权比较复杂。
4. 知名景区的环境的原生态性不理想，植被以次生林为主。

（三）部分民宿点位

1. 福建：长汀（汀州古城）、连城（冠豸山，培田古村落）、永定（高头乡土楼区），南靖土楼区（非客家民系土楼）。
2. 江西：龙南县围屋区，会昌县的古村落、石城县的围屋区。
3. 广东：梅县，大埔县的客家村落。

八、京津毗连区民宿群

(一) 区域介绍

所谓毗连区是以市域范围为核心,往外周延展的有限部分。在本书中,我们将其设定为从主城区出发,正常自驾汽车能在 2 小时内抵达的区域范围。北京作为首都,是政治、文化中心,天津作为直辖市,是中国重要的海港城市及工业城市;京津二城生活着近 4000 万的人口,是中国人口最密集的地区之一。由于交通拥堵、空气污染较严重、生活节奏快,这个地区的居民对于客栈民宿有强烈的需求,这种需求不仅表现在愿意去消费,还表现在愿意去投资打造,基于该区域居民强劲的投资能力,北京周边环境良好的区域都成为抢手货。

(二) 区域劣势

1. 物业成本持续走高。
2. 经营淡旺季匹配的是周末规律,周五和周六生意爆棚,工作日则淡。
3. 由于气候的缘故,秋冬季半年的经营状况明显要差。

(三) 部分民宿点位

1. 北京:昌平区、怀柔区、密云区、延庆区、房山区、门头沟区、平谷区。
2. 河北:承德、张家口、北戴河。

九、珠三角毗连区民宿群

(一) 区域介绍

珠三角也是中国经济最早开放的区域,其经济体量巨大,居民消费能力强,珠三角城市群的人口数量已超过 5000 万,是中国人口最密集的地区之一。由于交通拥堵、空气污染、生活节奏快,生活其中的居民对于客栈民宿有强烈的需求,而广东位于亚热带和热带地区,客栈及民宿受气候的影响小,珠三角周边海拔稍高，生态环境宜人的区域成为大众度假休闲的重要选择。

（二）区域劣势

1. 物业成本走高。
2. 经营淡旺季匹配的是周末规律，周五和周六生意爆棚，工作日则淡。
3. 游客停留天数少，以周末客为主，该区域居民稍有长时段的假期，会选择更远距离、环境更宜人的区域去度假。

（三）部分民宿点位

1. 清远。
2. 肇庆。
3. 河源。
4. 云浮。
5. 韶关。

十、长三角毗连区民宿群

（一）区域介绍

以上海为中心的长三角，是中国经济最活跃、经济体量最大的区块，也是中国城市化水平最高的地区。"逆城市化"的效应也在该区域显现，因此长三角毗连区的农村现代化程度非常高，这就为民宿的发展提供了很好的基础条件。以莫干山为代表的民宿集群，是中国民宿发展最成熟的典型范例。长三角毗连区的民宿发展较早，基于强劲的市场需求，其发展机会非常突出。

（二）区域劣势

1. 经营淡旺季匹配的是周末规律，周五和周六生意爆棚，工作日则淡。
2. 区域内同质化较为严重，内部竞争开始显现，在县域层面的营销显得尤为重要。
3. 民宿的投资初步展现出泡沫的景象，投资更需谨慎。

（三）部分民宿点位

1. 江苏：苏州、无锡、宜兴。

2. 浙江：杭州（西湖周边及后山），德清（莫干山），乌镇、西塘等江南水乡，安吉，桐庐，淳安。

十一、浙闽粤海岸民宿带

（一）区域描述

如果可以坐享开阔的海景，民宿是不是就已经成功了一半？中国有漫长的海岸线，除了海南岛，是否还有更多值得人期待的地方？答案是显而易见的。浙江、福建、广东这三省海岸线曲折，半岛、海湾众多，三省海岸线总长度超过中国大陆海岸线的一半，三省的海岛数量也在全国领先。沿线的渔村和其他形态的民居聚落，是发展民宿的上佳处所。该区南北连接着长三角和珠三角两块中国经济最发达的区域，沿着海岸线，配套了动车线路及完善的沿海高速公路网来衔接这两块发达区域；同时，本区域县域经济发展水平非常高，居民消费能力强，这些优势都是很多其他区域难以匹比的。

（二）区域劣势

1. 缺乏提前的规划安排，沿线人口密度大，人们自发的生产建设活动对自然景观破坏较为严重，而且近岸的海水污染较为严重。

2. 季风气候带，夏季有台风，冬季三个月的冬季风则过于凛冽，不适合旅游活动。

3. 一些风景优美的岛屿，与内陆地区的交通不方便。

（三）部分民宿点位

1. 浙江：苍南、洞头区、南麂列岛、玉环市、象山县、宁波、舟山岛。

2. 福建：厦门（鼓浪屿、曾厝垵）、漳浦、泉州、平潭岛、连江黄岐半岛、霞浦东冲半岛、嵛山岛、浮鹰岛、福鼎台山列岛。

3. 广东：南澳岛。

此外，其他几个可能发展起来的区块，在这里就不做展开，如陕西关中谷地区块、陕南鄂北秦巴谷地、山东半岛海岸沿线，等等。

◎ 任务实训

结合当前学习内容，列出都江堰市目前民宿分布区域、区域描述和区域劣势。

活动一：结合学习内容，对都江堰市民宿区域分布进行调查，并完成表3—3。

表3—3　都江堰市民宿分布调查

都江堰市民宿区域分布	区域描述	区域劣势
都江堰市主城区民宿区域		
都江堰市玉堂街道民宿区域		
都江堰市大观镇民宿区域		
都江堰市青城前山民宿区域		
都江堰市青城后山民宿区域		
都江堰市龙池镇民宿区域		
都江堰市蒲阳街道民宿区域		

活动二：阐述都江堰市民宿分布区域（其中一个区域）的基本情况，阐述结束后进行评分（表3—4）。

表3—4　实训评价

实训项目	项目要求	分值	得分
内容	表述清晰	2	
	介绍详细、准确、完整	2	
	有自己独特、新颖的观点	2	
语言表达	普通话标准、流畅	1	
	声情并茂，有感染力	1	
职业素养	举止有礼、符合行规	1	
	微笑，有亲和力	1	
总分		10	

◎ 课后拓展

利用周末和爸爸妈妈一起去探究都江堰市的民宿。

◎ 设置情景

青瓦白墙，绿地红砖，溪水轻淌，一草一木均有故事，每个房间独具特色……这是小王自己想要的民宿。但这样的民宿会受客人喜欢吗？小王真说不准，但有一点他很确定：为让自己的民宿有市场、受欢迎，必须请行家帮自己分析分析，给自己的民宿找准位置。

任务四
民宿的定位

◎ 任务描述

随着民宿行业的快速发展，民宿形态各异，要想在市场竞争中占有一席之地，科学分析、找准定位非常重要。那么，民宿应该怎样去定位呢？

◎ 任务要求

1. 能基本掌握和了解民宿定位的几个要素。
2. 能对目标客户群进行细分。
3. 通过学习能清楚地知道自己创业后的市场定位。

一、民宿怎样定位

（一）前期调研分析

调研分析选址所在区域及周边的客栈民宿，确定区域内竞争对手是谁，他们有哪些方面做得好，其核心竞争力是什么，存在哪些不足。通过分析比较，形成一个较明确的概念。

（二）寻找空位

利用差异化思维，从用户、场景、产品（档次规模）三个角度去分析，稀缺的市场更容易成为突破口。如果一个区域普遍是比较低端的民宿，住宿价在100~200元/每晚，那么中高端市场就是一个空位。在目前的投资环境中，更多的资金流向了高端市场，动辄投资百万千万去建设一个民宿的情况比比皆是。档次空位越来越少，细分用户市场及创建多元场景是未来定位的方向。

（三）推出品类新概念

经营者可以在民宿这个非标准住宿类别中，推出新品类，如集装箱住宿、帐篷住宿、木屋住宿等。除去新品类，还可以在以前的品类中推出新概念。以大理洱海边的海景房客栈为例，"海景房"就是一个新的品类概念。此外，还有一些民宿推出了诸如轻奢、野奢、唯美人文等精品民宿品类概念。

二、市场定位

这里讲的市场定位是一个比较宏观的概念，是指住宿行业里的市场定位。民宿属于住宿行业里的非标准住宿，在进行定位的时候，要先对地域和档次进行抉择。

三、目标客户定位

目标客户定位需要对市场进行细分，在细分市场里找蓝海。民宿主人要先确定目标客户是谁，这一类客人有什么特征，消费习惯是什么样的。例如，主题类民宿，这类民宿目标客户是一群喜欢这种主题的人，诸如动漫主题、茶文化、摄影主题民宿。他们的目标客户很精确，沉淀后会形成自己的圈层客户。

1. 做好以下几个方面的资料留存，并建立好客史档案。
（1）客户自然特征：性别、年龄、教育程度、职业、地域、社交偏好。
（2）客户的特征：兴趣爱好及消费习惯等。
（3）客户社会特征：社交偏好及获取信息渠道偏好等。
（4）客户来源结构：①地域来源：本地客户、周边客户、外地客户、外籍客户。②渠道来源：线上、线下、熟客介绍、团客（旅行团、商务会议团、培训学习团、活动团）等。

定位好目标客户群后，才能更好地对客栈民宿的房型、价格、营销策略、渠道等进行定位梳理。知道客户是谁，有什么爱好，才能够更好地为客户提供有针对性的服务。

2. 目标客户群细分。

民宿的客户可以粗略分为以下两大类。

(1) 假期旅游度假人群。

(2) 周末休闲人群。

以大理、丽江为代表的旅游目的地吸引的客户一般是旅游度假休闲人群。而莫干山、杭州的民宿市场，客人一般是来自长三角地区的周末休闲人群。不同于酒店，商务会议人群在民宿中的占比很小，不过这是一个细分人群市场，未来也许商务会议选择地将会倾向民宿聚集地，参会人员可以一边度假旅游一边开会。

在旅游度假人群中，又可以细分为好多类：按国籍分为中国旅游人群及外国旅游人群；按出行目的分为毕业旅行、蜜月旅行、假日旅行、商务旅行、周末游玩等；按出行人群分为情侣、闺蜜、夫妻、朋友、家庭、个人、团体；按出行方式分为自驾人群、乘飞机出游人群、乘火车出游人群等；按出行时间分为假期游（寒暑假、国庆、春节、公司假期等）、周末游等。

3. 民宿为什么需要精准地细分目标客户群。

(1) 市场竞争的需求。近几年，客栈民宿投资大火，各种资本进入，民宿数量快速增长。在这种情况下，供给量已经明显大于需求量。客栈民宿一般位于旅游目的地，在淡季，这种供需不平衡显得更加突出。基于这种情况，民宿必须要做好定位，才能在运营中做到对目标人群精准狙击，从而获得市场份额。

(2) 匹配需求。民宿的体量小，因此，民宿与客人的匹配渐渐由客人挑选民宿慢慢转变为由民宿挑选客人。

民宿是个性化很强的商业形态，并且带有强烈的主人色彩。在设计、经营上有浓烈的主人特征。如民宿主人是一位 60 后，那么在他的店中，会有很强的属于这一年代的印记。如果主人是一个文物迷，那么在设计中，他会把收藏的文物放在店内，而喜欢他店的客人也是同样喜欢文物的一群人。物以类聚，人以群分，主人的存在也是对客群的一个筛选细分。但并不是每一个客人都会接受、认同、喜欢其所表现出来的形态及状态。如果二者相互不匹配，客人不认同民宿，民宿不认同客人，就会产生误解。喜欢的人特别喜欢，不喜欢的人特别不喜欢，可能由此造成两极分化。民宿与客人的匹配主要体现在以下两个方面。①价格匹配：价格匹配指的是房间价格在客人的心理预期内，客人能够承担起价格。②调性匹配：这里的调性不是音乐上的所说的调性，而是民宿品牌传递出的一种综合信息，如设计风格理念、运营理念、主人的状态等，客人能够认同并且喜欢。

对目标客户群精准细分后，有利于民宿后期挖掘客户的更多价值。以目标客户为核心，围绕目标客户的特征及行为爱好、消费习惯，消费需求，展开多元化服务并满足其需求。例如，某连锁品牌民宿，定位为"泛蜜月"型民宿，设定的客群兴趣爱好特征是对浪漫有追求的人，如新婚夫妇、热恋情侣等。在旅游人群中通过梳理筛选，细分出这样一个小众人群。在确定目标客户后，可在后续策划举行小众婚礼等活动，由单一的住宿拓展为婚礼举办地，把举行婚礼和度蜜月结合起来。茶文化主题客栈，可以对用户需求进行多维度拓展，举办各类主题活动，如茶会、茶文化培训、茶体验等。

四、房型定位

明确了客户目标群后，设置什么样的房型及各类房型比例就比较清楚了，再进一步明确总房间数，大床、标间、家庭房比例，以哪类房型为主。民宿房型一般包括：大床房、圆床房（适合情侣、夫妻等）、标准间（适合朋友、团客）、家庭房（适合家庭人群出行）、亲子房（带小孩人群）、套房（适合两个家庭）。如果民宿以接待团客为主，那么房型设置应以标准间为主。如果主要接待亲子出游的客人，就应以亲子房型为主。

五、价格定位

在确定了目标客户后，应对其经济情况进行分析，并对客户的心理预期做出评判。在此基础上，对价格进行定位。如果某客栈的客户目标是以学生群体为主，那么价格区间应在100~200元/天。

六、营销策略定位

针对目标客户群的特征,民宿经营者可以在运营中展开相应的营销策略。

1. 用户在哪营销就去哪。这时需要经营者对流量做一个判断。如目标用户集中在马蜂窝这一类 UGC 旅游攻略网站,那么就去这类网站做内容营销。

2. 了解用户群特征,选择和用户特征相对应的营销策略。例如,客户喜欢动漫,那么就去与动漫相关的网站宣传。

3. 分析在什么场景下用户会选择你经营的民宿,并营造强化用户心仪的场景。

经过对以上内容的学习,我们对民宿定位有了大概的了解。那究竟应该如何为自己的民宿进行定位呢?我们来看一个具体的案例。

◎ 案例赏析

李先生家住崇州市街子古镇,自小喜欢古玩艺术品的他经常邀约朋友分享、赏鉴各类藏品。但他每次都觉得不够过瘾,总想找一个机会,痛快地捣鼓心中所爱。近年古镇民宿产业蓬勃发展,恰好李先生家有一个小院落,让他萌生出开一家古玩艺术文化主题民宿的想法。说干就干,李先生立即着手拟订方案,首先是进行市场调研、了解客户需求,为民宿定调定位。李先生设计的民宿基本架构如表 3—5。

表 3—5　古玩艺术民宿设计方案

定名 民宿名称	青城古艺阁
定调 主题描述	以古玩艺术为主题,装饰格调古色古香,突出怀旧、古朴的艺术风格,开展古今艺术品的交流分享、学习传承、鉴赏拍卖等主题活动

续表3-5

定位 市场调研	顾客走访	(1) 王先生（辽宁）：入住民宿享受安逸的住宿环境同时，还能通过民宿提供的平台参与古玩交流、学习、买卖，很惬意很满足 (2) 张先生（四川宜宾）：喜欢通过这样的民宿直接了解到当地非物质文化主题元素，达到行万里路读万卷书的目的 (3) 王先生（西安富平）：通过民宿主人提供的学习机会，让两地历史文化交融，既放松了心情又结交了天南海北古玩界的朋友，两全其美
	民宿主人心声	随着国民经济和文化水平的不断提高，喜欢古玩艺术品并具有收藏意愿的游客会增多。所以在民宿中增加古玩与现代艺术品这类文化产品应该会有市场，而且很特别
	现有民宿	"聚宝阁民宿""集古斋民宿"
定位 客户群		以民宿为载体，融入以古玩艺术文化为核心的主题。主要针对全国各地的古玩艺术品藏家、古玩生意人以及古玩艺术品爱好者。最大限度满足爱好者们对古玩艺术品赏鉴、收藏心理，吸引共同爱好、调性一致的客人聚集、交流、成为朋友
选址		靠近地方风景名胜区或历史文物古迹集中地，如古玩市场、博物馆旁、非物质文化传承集中区
产品设计	基础产品	(1) 客房是民宿最基本的产品，其装饰风格必须与民宿整体风格一致。比如，使用沉船木家具或中式家具营造古朴风格，古画、古木柜、古瓷花瓶……整体装饰共同指向"古与艺" (2) 住宿者大都随身携带藏品，非常看重安全。所以房内最好配备保险箱，以单床房为主。有的藏家可能会带上家人或朋友同行，应提供适量大床房和双床房
	配套产品	营造一个多功能古艺休闲吧，客人们在这里品茗聊天、品尝美食的同时，交流古玩心得、举办古玩沙龙、古玩拍卖、古玩讲座……设置多个博古柜陈列古陶、古瓷、古钱币、古玉器、古字画、现代艺术品，浓郁的古玩艺术风让客人放纵地过一把古玩瘾
	主题活动产品	(1) 古玩艺术品和现代艺术品的学习交流沙龙、专家现场鉴定、与当地古玩协会合作的拍卖、带领游客参观当地博物馆等核心主题活动 (2) 可以开展美拍、经书诵读、太极健身、品茗、参观非物质文化遗产等活动

续表 3-5

营销策略	(1) 初创期 OTA 平台是重要依托 (2) 同步建立微信客户群，重点在自己加入的古玩群中进行宣传推广 (3) 寻求当地古玩艺术协会支持：提供活动场地、开展主题活动，并广而告之

◎ 任务实训

同学们学习了以上内容，请试着分组讨论民宿的定位，并完成表 3-6。

表 3-6 定位数据

	项　　目	指标数	内　　容
定位细化指标内容	市场定位	地域定位	
		档次定位	
	目标客户定位	假期度假人群	
		周末休闲人群	
	房型定位	总房间数	
		标间数	
		单间数	
		家庭房数量	
		情侣房数量	
		亲子房数量	
	价格定位	100~200 元/天	
		201~400 元/天	
		401~800 元/天	
		801~1200 元/天	
		1200 元/天以上	
	营销策略定位	线上方式	
		线下策略	
结论			

◎ 课后拓展

选择都江堰市比较有特色的几个民宿，了解他们的目标市场并形成客房价对比图。

◎ 知识链接

旅游者类型的划分

一、按区域性划分

1. 地方性旅游者。

在本区、本县、本市范围内的旅游活动者。

2. 区域性旅游者。

离开居住地到邻近地区风景名胜点的旅游活动者。

3. 全国性旅游者。

跨省份的旅游者，主要是指到全国重点旅游城市和具有代表性的著名风景胜地的旅游活动者。

4. 跨国旅游者。

离开常住国到另一个国家或多个国家进行旅行游览活动的人。以不跨越洲界为限。

5. 洲际旅游者。

跨越洲际界限的旅行游览活动者。

6. 环球旅游者。

以世界各洲的主要国家（地区）的港口风景城市为游览对象的人。

二、按照旅游目的划分

1. 观光型旅游者。

观光型旅游者以游览观光自然及人文景观为出游目的。一般来说，这类旅游者的内在动机是回归自然或者增长知识，观赏性以及知识性比较强的旅游吸引物能够受到他们欢迎。这类旅游者是最常见的旅游者，直到今日仍是旅游者中的主流,具有季节性强、重游率低的特点。

2. 娱乐消遣型旅游者。

娱乐消遣型旅游者以休闲放松、调节身心为出游目的。一般来说,这类旅游者以追求身心愉悦(或健康)为内在动机,期望通过旅游使自己从单调的生活和繁杂的工作中解脱出来,他们既有可能选择与观光型旅游者类似的旅游目的地,也可能选择游乐场等娱乐性比较强的旅游目的地。这类旅游者的数量在不断增长,具有季节性强、重游率高的特点。

3. 度假保健型旅游者。

度假保健型旅游者以休养和恢复身体健康为出游目的。这类旅游者的内在动机与娱乐消遣型旅游者的内在动机是相同的,他们一般会选择到海滨、温泉、山林等环境优美的地方休养。这类旅游者的数量规模比较稳定,具有旅游地点固定、消费水平高、停留时间长、重游率高的特点。

4. 文化体验型旅游者。

文化体验型旅游者以了解异地文化或进行文化交流为出游目的。这类旅游者以猎奇求知为内在动机,追求精神层面的满足感,以选择历史文化游以及民俗文化游的居多。这类旅游者的数量规模较小,具有文化修养高、专业性强、停留时间长、旅游路线相对固定的特点。

5. 商务公务型旅游者。

商务公务型旅游者以完成工作任务为出游目的,这类旅游者进行旅游活动的内在动机是复杂的。一方面,为了完成工作任务,他们有可能会进行一些包括考察、参观在内的旅游活动;另一方面,利用出差的机会,他们有可能会进行一些和工作无关的旅游活动。随着各国各地区之间的交往日益频繁,商务公务型旅游者的数量也呈上升趋势,他们具有季节性弱、出行频繁、消费能力强的特点,可以为旅游目的地带来可观的经济收入。

6. 个人事务型旅游者。

个人事务型旅游者以处理个人或家庭事务为出游目的。这类旅游者以维系和发展社会关系为内在动机,他们外出旅行,是为了探亲访友、寻根问祖等。这类旅游者的数量规模比较稳定,具有季节性弱、价格敏感性强、旅游目的地相对固定的特点。

7. 宗教朝觐型旅游者。

宗教朝觐型旅游者以从事宗教活动为出游目的。这类旅游者以宗教归属为内在动机，是特殊的旅游群体，他们的旅游活动中包括很多宗教仪式。一般来说，这类旅游者具有旅游目的地相对固定、出游时间相对固定、参与性强的特征。

8. 购物型旅游者。

购物型旅游者以到异地购物为出游目的。这类旅游者的内在动机也是复杂的。从表面上来看，购物只是为了满足人的基本生活需要，这与旅游是高层次的人类需要的观点相悖。近年来，随着人民生活水平提高，以购物为目的的旅游活动正越来越普遍，购物也开始变成了一种娱乐消遣的方式。一些人把到异地购物当作一种时尚、一种生活方式。一般来说，这类旅游者以年轻人居多，具有消费能力高、重游率高的特点，对旅游地经济贡献较大。

◎ 设置情景

小王很想把自己的民宿打造得高端、大气、上档次，但手中的资金有限，每一块钱用来做什么都要仔细想清楚。他第一次感受到了资金、成本预算的重要性。

任务五
民宿初创期的成本预算

◎ 任务描述

核算民宿的创建成本并不是一件简单的事情，需要从多方面、全方位进行分析，才能让自己的投资变得更加合理高效。好钢用在刀刃上，所以务必详尽了解。

◎ 任务要求

1. 能清晰地知道成本核算的范畴。
2. 能知道如何通过成本预算制定价格体系。
3. 知晓初期成本支出时应避免的误区。

很多人在提到创建民宿产生的成本的时候，第一反应就是房租、装修费用，除此之外很少考虑过在经营管理的时候也会有成本的支出。那么我们接下来就一起学习和了解一下，成本核算时应该注意的问题。

一、创建民宿产生的成本项目

根据经验，成本基本包括以下 5 个方面。

1. 房租：房屋租赁押金和房租。

对于将自己的宅基地或房屋进行装修改装成民宿的经营者而言，一定会提出这么一个问题：我自己就是房东、业主，那在成本里还要不要去算房租？这个问题的答案是：有必要。因为房屋拥有价值，那么运营成本里面就应该有房租这一项，不管你经营的物业是否自有，都应该在经营的过程中进行一个合理的计算。房租一般分为押金和租金，很多人在运营初期或者是筹备期的时候，很容易就会忽略房屋押金这一块，导致成本核算的错漏。按照全国旅游业发展比较好的部分城市，如广西桂林、陕西西安、四川成都、浙江杭州、云南丽江、福建厦门、海南三亚及一些小城市的调研数据来看，房租一般占营业额的五分之一到六分之一就是一个合理的比例了。

2. 装修：硬装与软装。

我们都知道民宿的装修一般分为硬件装修和软件装修两部分。下面我们就从这两个方面来一起学习一下。

（1）硬件装修部分，是在日常经营或是前期筹备中最容易超支的部分，因为在利用一幢房屋去做个性化住宿经营时，通常需要对房屋进行一系列的改造装修，在这过程中会遇到很多前期没有预料到的临时性问题。此外，在装修时，对于房子的硬件设施要考虑其使用年限，现在有很多同行都会走入一个误区：装修时追求速度，节约成本，房子只使用两到三年就要进行大的改造装修。这在成本支出上是一个非常大的忌讳，会造成极大浪费。

（2）软件装修部分，很多人在做个性化住宿的时候都会在软装部分进行旧物改造、旧物利用，但是建议大家不要单从自己的个人喜好去考虑，而是要更多地从消费者心理、消费者习惯去考虑。

装修是一笔非常大的投入，因此建议在成本计算时把装修费用总数在经营期内按年均摊。

3. 人工成本。

对于自我动手能力比较强的经营者而言，也许会提出来这样的问题：我的店没有雇请外人，所有的事务都是由我自己和家人打理，这样的话人工成本是否等于零？实际上这和房租是一个道理，全家人都投入经营以后，人的价值也应该有所体现，而不是自家人去做的时候就可以不算人工成本，不算工资和奖金，仅仅只是依靠营业利润来获得生活费用。

4. 日常损耗。

日常损耗分为几个小部分，如洗发水、沐浴露、括一次性的牙膏、牙刷，甚至部分民宿会提供香氛、香水、洗面奶、香薰，还有我们平常的布草送洗，这些都是经营中的日常损耗。这些日常损耗并不能完全等同于日常支出，因为日常支出还包括食宿之类的其他成本。

5. 维修费用。

维修费用通常包括水电气维修、电器维修、家具维修等费用。

二、创建民宿的成本预算

一般而言，个性化住宿经营成本的预算应该注意以下几点。

1. 建议把所有成本按照均摊的方式，摊到每一个客房、每一个营业日上，就能了解每一间客房、每一天的运营成本是多少，在制定价格时就可以有最基础的保障，能保本不亏。

我们必须要明白的一点是：高的入住率并不等于有高的利润。因为如果你连每一间客房、每一天的经营成本都不知道，即使你的入住率很高，也可能因为定价低于成本，你就是亏的，而且卖得越多亏得越多。

2. 在进行成本预算的时候，要估算好装修回收期。一般来说，装修的回收期定在3～5年比较合理，在此情况下，装修投入的费用不管是按利率计算，还是按照其他项目的投资对比来看，都较为合理。如果回收期超过5年，基本上就没有什么利润或者是收益可言了。

3. 很多人在做成本核算的时候并没有把房租的递增算进去，建议大家在做核算的时候要把租期内的房租平均计算，这样得出的成本才是有效的。

三、如何通过成本预算制定价格体系

在此，我们必须要掌握一个公式：客房数量×客房的最低单价×全年280天（根据都江堰淡旅游时间的特点，以280天计算）×0.7（入住率统计）≥全年房租＋全年人工支出＋全年损耗支出＋全年水电＋转让费回收的每年均摊＋装修费用回收的每年均摊。

正常情况下，公式左边大于右边就是盈利，等于就是持平，若是小于就是亏本了。这个公式实际上已经把成本最大化、利润最小化了，可以为民宿主人提供一个保守的参考数据。很多人都因前期预期太高，导致后期经营得非常辛苦。大家应降低期望值，这样到核算利润的时候才会充满惊喜。

四、初期成本支出时应避免的误区

回归到我们最初谈到的成本支出的项目：房租、装修、人工成本、日常损耗、物件维修。其实真正的问题只有一个：我们花了很多我们认为应该花的钱。

1. 在成本支出初期，多观察，少掏腰包，因为在所有的资本投入之前，都还有修正的机会。

2. 个人主观的想法不要太多，不能把所有的空间都变得带有过多个人色彩，这是我们最需要避免的误区。

3. 不要不合时宜地去添置物品，有些物品添置可能会因为季节、环境、地域文化的不同产生负面效果。

4. 个性化住宿最终会变成一个旅行目的地。如果你经营的个性化住宿最终变成了旅行目的地，那你要展现给消费者、旅行者的一定是带有地方特色的经营体，或者是说含有这个地方特色的经营体。建议大家尽可能地减少一些不必要的主题设置，而是真正从消费人群的定位去做初期成本的支出，把成本投入先放到人的基本诉求上面来。

5. 现在很多人也会在新媒体上做一些付费的、提高自己知名度的推广行为，建议大家要慎重。在初期还不清楚自身情况，不确认经营体的精神内核的时候，尽可能不要着急宣传自己，让消费者产生过高的期望会对自己的后期经营不利。

◎ 任务实训

结合学习内容，谈谈创建民宿初期成本支出时应避免的误区。

◎ 课后拓展

中兴镇正在打造康养小镇，很多民宿已经应运而生，结合本课所学，利用周末去实地参观一下，对照调查几个成本核算要素。

◎ 知识链接

什么是标准化服务

标准化服务是指在标准化思想的指导下，服务企业或服务机构通过规范化的服务管理制度、统一的服务技术标准、服务工作岗位和预定目标的设计与培训，向服务产品的消费者提供统一的，可追溯、可检验、可重复的服务。

提供的服务必须按照标准规定的内容和程序实行，包括服务的时间、服务工作量、服务用语、服务形式、服务管理、服务监督、服务价格、服务投诉等相关内容，保证服务质量符合标准的要求。应当指出的是，服务质量目标化、服务方法规范化和服务过程程序化三者是不可分割的整体，由它们共同实现服务标准化的功能。

◎ 设置情景

小王新建的民宿离开业越来越近了,可他却为房间的房价问题犯了愁,该怎么定价?高了害怕没人住,低了又害怕收不回成本。让我们一起为小王出出主意吧!

任务六
房价管理

◎ 任务描述

民宿房间定价是一门学问。需要综合考虑成本、利润、市场竞争等因素。小王虽然经过调研,对民宿的价格有一些了解,但真要自己定价时却犯难了。那么从理论上应该怎样进行定价呢?这便是本节所要探讨的重点内容。

◎ 任务要求

1. 能了解客房商品常见的定价目标。
2. 能理解影响房间定价的因素。
3. 能掌握客房定价法与价格策略。
4. 能了解常见的价格体系。

确定客房价格的综合因素有很多,和目标市场定位也有很大关系,接下来,我们从以下几个方面入手,给你提供参考和借鉴。

一、客房价格的构成

我们首先要清楚地知道:客房商品的价格=客房商品的成本+利润。

二、客房商品的定价目标

（一）追求利润最大化

追求利润最大化应该是客房商品最基本的定价目标。但利润最大化分为短期利润最大化和长期利润最大化两个方面。追求短期利润最大化或追求长期利润最大化会使管理者在不同的时期确定不同的价格水平。

管理者应以长期利润最大化为追求目标，不应鼠目寸光，采用杀鸡取卵的定价方法。

（二）提高市场占有率

提高市场占有率意味着客房销售量增加，客房及其他设施设备的利用率提高，经营成本降低，以及客源市场竞争力提高。因此，提高市场占有率是很多民宿经营者追求的目标。如果采用低价策略，我们应考虑到以下事实。

1. 降低价格并不一定能增加客源，提高市场占有率。
2. 低价可能有损酒店形象，影响服务质量。
3. 低价促销可能引来同行竞争性报复，导致价格战，结果两败俱伤，也使提高市场占有率的计划落空。

三、影响房间定价的因素

1. 目标客户群定价因素。目标客户群不同，购买力不同，所以目标客户群是影响房间定价的重要因素。
2. 成本因素。成本的高低直接影响客房在同类型房间中的市场定价。
3. 供求关系因素。供求关系是经营过程中的杠杆，供大于求价格低，供小于求价格高。当然，也有的企业采用常年固定价格的方式来吸引顾客。市场手段应多元化。
4. 竞争对手的价格因素。不能盲目定价，一定要参考自己的竞争对手，为自己赢得市场奠定基础。

5. 地理位置因素。地理位置因素是影响房间定价的显性因素。一般而言，地理位置越优越，价格越高。

6. 旅游业的季节性因素。中国很多旅游胜地都有淡旺季，游客流量、进入性也会出现变化，这也是影响房间定价的突出因素。

7. 服务质量因素。我们在房间定价时，应考虑附加的服务质量。

8. 有关部门和组织的价格政策因素。这一因素比较明显地受到社会大环境的影响。

9. 消费心理因素。现在的顾客不是花不起钱，他们只考虑钱值不值得花。我们要随时了解客源市场，做好客房价格的调控。

四、客房定价法

目前，比较常见的客房定价法有四种。

（一）随行就市法

依据周边大环境、市场来确定自己的价格。最常用的方法就是找到同等条件的竞争对手，参照对手来确定自己的价格。

（二）千分之一法

千分之一法是根据客房造价来确定客房价格的一种方法，即将每间客房价格确定为客房平均造价的千分之一。

（三）客房面积定价法

客房面积定价法是通过确定客房预算总收入按单位面积计算所得的客房应取得的收入，进而确定每间客房应取得的收入来进行定价的一种方法。

（四）赫伯特定价法

赫伯特定价法是以目标收益率为定价的出发点，其最后的落脚点也是客房营业收入指标。

五、价格策略

1. 高牌价，高折扣策略。此策略遵循挂高价、打高折扣的原则。很多装修豪华、有品位的民宿常采用这种策略。

2. "随行就市"的价格策略。根据市场来确定价格是很多民宿常采用的方法。大环境一致，价格策略相同。

3. "相对稳定"的价格策略。这种策略能给客人良好的心理感受。价格确定后相对稳定，利润成本核算简单。

六、客房商品的价格体系

客房商品一般的价格体系有以下一些类型。

1. 标准价。明码标价的各类客房现行价格。

2. 合同价。与有关公司和机构签订房价合同，以优惠价格出租客房，以求双方长期合作。

3. 团队价。针对旅行社的团队客人制定的折扣价格。

4. 小包价。为客人提供的一揽子报价。

5. 折扣价。向常客、长住客或其他有特殊身份的客人提供的优惠房价。

6. 家庭租用价。酒店为带小孩的客人提供的优惠价。

7. 免费。一般涵盖几种形式：酒店促销而成的免费房价和特殊客户群体所享受的免费房价。

8. 淡季价。在旅游淡季，为了吸引客人采用的价格策略。一般比执行价要低。

9. 旺季价。在旅游旺季时采用的价格策略。一般比执行价要高。

七、客房出租率及理想平均房价

一般来讲，民宿经营者总是设法提高客房出租率，以期提高经济效益。但客房出租率并非越高越好，理想的年平均客房出租率应在80%左右，最多不超过

90%，否则，就属于"破坏性接待"，原因有以下两点。

1. 民宿及客房设施设备需要保养维修，过度使用会使其功能失灵，建筑物寿命缩短。这样不仅影响民宿的经济效益，而且将直接影响对客人的服务质量，进而影响民宿的长远利益。

2. 长年过高的出租率会使包括客房服务员在内的员工被牢牢地固定于工作岗位，无暇参加旨在提高员工素质的培训，以致其服务质量下降，对管理工作也会造成极大的压力。

◎ 任务实训

实地考察青城后山的农家乐，找出他们定价的因素和策略。

◎ 课后拓展

课后通过互联网收集青城后山民宿的定价并整理形成分析报告。

◎ 设置情景

经过前期的考察调研，小王准备对自家的现有住宅进行改造。如何改造、确定什么风格等问题小王还没完全想清楚，但他十分确定：房屋改造一定要结合自家周边山清水秀的自然环境！为了达到改造的预期效果，他决定咨询专业人员……

任务七
民宿的装修与设计

◎ 任务描述

快速发展的社会让这一代人在高楼新立和老屋拆迁的飞速交替中成长起来。道路拆拆建建是日常。青年一代的建筑设计，不可避免地融入社会责任，不仅要思考如何让房屋外观变得更美，更要考虑如何让社区变得更好。很多人都在极力靠近这份梦想和使命。中国乡村不缺房子，缺的是生活空间和生活方式。有想法的民宿老板和建筑设计师带着自己的生活理想进入乡村，希望建造超越农舍形态本身的房屋。

◎ 任务要求

1. 初步了解民宿的建造和装修类别。
2. 了解民宿装修的基本流程。
3. 理解民宿软装的基本原则。

一、民宿的建造

民宿的建造一般分为新建民宿（图3-2）以及老房改造民宿（图3-3）。如果是新建民宿，民宿主人可以随心所欲地将其建造成自己想要的样子，设计和建造也由专业团队来完成，但是所耗时间和资金投入都是相当巨大的。所以，我们更加推崇老房改造。除了能节省大部分的时间和资金，还能更好地体现当地的历史风貌、地域特色，也更能体现民宿主人的审美趣味、故土情怀，这样一来，不但能够让自己的民宿具有不可复制性,也能唤起游客的人文情怀,让游客觉得更温暖、自在。

图3—2 新建民宿

图3—3 老房改造民宿

老房子是不是一定要拆除?具有乡土味的东西就没有一点价值?如今看来,恰恰是这些被人遗弃的老房子代表了乡村建筑文化,它们跟自然的关系远远要比现代的钢筋混凝土建筑来得和谐。所以民宿的改建或翻新,一定要与当地环境相结合,符合当地的人文特色,要保护好当地的生态,包括环境生态和人文生态,一个失了根的民宿,最终会沦为旅店。只是民宿建筑及其庭院空间单体规模小、细节多,建造过程需要设计师、民宿主人、施工队三方密切协作(图3—4、图3—5)。

图3—4　老房改造后的建筑外观

图3—5　老房改造后的室内

老房改造实例

西坡山乡度假是一家隐匿于莫干山竹林深处的山乡民宿。越来越多的人只要提及莫干山便会想起"西坡",它是风靡长三角乃至全国的莫干山"洋家乐"代表之一。住进了"西坡"便像是过上了梦想中的山乡生活,听着鸟鸣醒来,在竹林中漫步,一阵风吹过,山野的气息便从窗口扑面而来(图3—6)。

"西坡"的可贵之处在于，它忠实地保留了老建筑的外立面，也保留了老建筑原来的风格和材质（图3—7），与周遭的自然环境和村落建筑和谐同存。对于"西坡"团队而言，"自然舒适"作为关键词，是一家好的民宿必备的要素之一。"如何利用现有老房，通过装修改造打造一个有品位的民宿"是我们探究的目标。

图3—6　莫干山民宿老房改造后

图3—7　莫干山民宿老房室内改造后

二、民宿的装修

（一）硬装

1. 做好装修计划。

装修阶段要控制好三件事：成本、时间、质量。所以装修需要制订好两个重要的计划，施工计划和采购计划。

施工的各项内容很简单，没什么技术含量，但是很零碎。做好计划，按照计划实施很重要，这能有效确保装修质量和装修进度。

2. 按计划施工。

一般来说，我们经历的施工情况分为三种。

（1）软装：没有硬装施工，只进行一些软装设计。

（2）软装＋半硬装：在进行软装设计的同时进行开槽改线，房间修复，天地墙改造。

（3）装饰装修：装修毛坯，老旧房间推翻重来。

（1）和（2）基本上可以由民宿主人或者散工代劳，价钱便宜。比如，要刷墙，可以让油漆店老板推荐熟手，直接在购买油漆的同时解决了粉刷的事情。这种方式比较容易且有保障，然后找工人介绍其他的工人过来。

情况（3），可以找小的装饰公司，或者小包工头，市场价比较透明，但关键主材（地砖、卫浴、油漆）需要民宿主人把控质量。

3. 人工费用预算。

情况（1）和（2），工期不超过15天，做计划的时候可以以此为参考。各地的人工费不等，无法给出项目费用的参考。但是，无论什么活儿，都是以"工"为单位计算。一个人干一天，为一个工。比如，人工成本是300元/天，刷漆两个人干一天就是两个工，600元/天。

4. 装修质量控制常用工具。

我们将按照使用顺序，推荐一些装修过程中质量监控必备的工具，帮助民宿房东提高施工效率和项目的把控能力。

(1)房屋检查表。

房屋检查是做好后面施工计划的基础。每一个房间的情况,都对应着一项施工内容,我们应该尽可能地打包项目,然后后期针对开工的房屋,进行检查(表3-7)。

表3-7 房屋验收单

需要反馈的信息用"三角形"标注、需要注意的信息用"椭圆形"标注					
黑色签字笔填写字迹清晰/填写完成此表后拍照留存					
地址		门牌号			
施工负责人		联系方式			
收货负责人		联系方式			
房 东		联系方式			
户 型	室 厅 卫		挑高		挑高补充
门 禁	楼门门禁□		楼层	电梯	有□ 无□
窗户	窗帘数量	个	晾衣功能	具备□	不具备□
	待安装窗帘杆类型/数量	罗马杆:单 个 双 个 滑轨:单 个 双 个			
水路电路	水路状态	正常□ 无水□ 部分正常□ 冷热水□	电路状态	全线通电□不通电□ 部分通电□空调电源□	
	地漏防臭	有□ 无□	下水道防臭	有□ 无□	
	顶面灯位 (位置/数量)					
墙面地面	墙面地面状态检查				
	墙面是否有造型(白漆/涂料/电视墙/壁纸/瓷砖/软包/文化砖/护墙板/置物架)				
	造型尺寸补充(宽×高×厚度 尺寸cm)				
	墙面/地面/踢脚线 状态是否良好(全新/8成新/老旧/渗水/破损等)在什么位置(卧室/客厅)				

续表3-7

顶面门窗	顶面门窗状态检查
	顶面/门/窗/状态是否良好　有无破损老旧　是否法满足正常使用
	顶面是否有顶角线
浴室厨房	浴室厨房状态检查
	浴室功能（马桶/热水器/浴室柜/镜子/浴巾架/排风扇/辅助取暖/水龙头/沐浴头）是否具备且功能良好
	厨房功能（电源/灶台/燃气/抽油烟机）厨房状态（全新/8成新/老旧/重油污）
补　充	其他需特别说明信息
	如：独立阳台、大件家具无法搬出

（2）施工任务表。

一般情况下，民宿施工不会涉及太多的硬装改造，下表所涉的几项工序，实际到每个房间以后，还应根据房间情况来编写，最后据此进行施工（表3-8）。

表3-8　施工任务内容/预算/结算

黑色签字填写补充/写完后拍照留存/本表只展示给内部人员							
地址				门牌号			
施工负责人				联系方式			
收货负责人				联系方式			
项目内容							
施工项目	施工内容	施工人员	联系方式	预算	实际花费	备注	
代收货品							
地面铲除							
墙面修复							
墙面刷白							
墙面改造						涂料/壁纸无需考虑入内	

续表3-8

灯具安装						
墙面装饰挂装						杂工/天（电锤）
灯具插座线路改造						填沟/修复，修复算进墙面修复内容
物品搬运						力工/天
家具组装						杂工/天或者按件计费
清洁						
体验标准品布置						
五金件安装						
装饰摆放	人工配合					杂工/天
定制拍摄						
其他						
合　　计						

（3）施工任务卡。

根据计划的施工内容和施工时间，编写打印施工任务卡（表3-9），放在房间内。每天的工作谁负责，做了多少就一目了然。

表3-9　施工任务卡

第　　天	施工任务卡		
工具卡，指导施工任务			
黑色签字笔填写字迹清晰/填写完成此表后拍照留存			
地址		门牌号	
房间负责人		联系方式	
施工人员		联系方式	

（4）采购清单。

采购清单一般采用Excel表格的形式，进行分类，如"运营物资""家电""睡眠标准品""智能设备"这些基本都是固定不变的，照单采购即可。变化比较多的是"家具""软装物料"这些物品。"施工主材"中的建材类建议只采购地砖、踢脚线、门窗、置物架即可，其他让工人代买就行。这样采购才不会漏项，后面

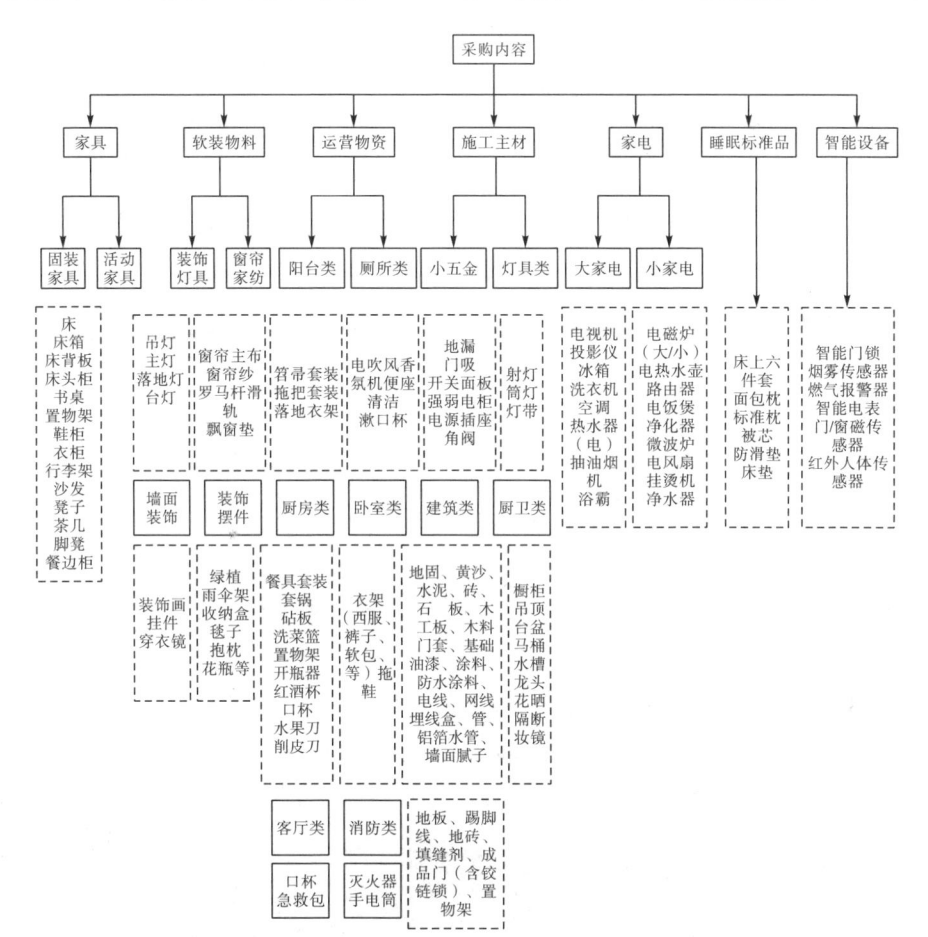

检查时也可以作为一个参照依据。已经购买的就标记一下，避免重复（图3-8）。

图 3-8 民宿采购内容

三、软装

民宿为那些厌倦标准化酒店服务的旅行者提供了个性化住宿方式，同时也打开了一扇人与人沟通的大门。想要开一家具有独特气质的民宿，需要民宿主人细心观察、善于创新，在软装中花费一些心思，凸显民宿的特性。

（一）让自己的民宿更具个性

民宿的软装赋予了民宿独特的个性，而这恰是民宿的灵魂，如果民宿只是单纯提供住宿服务，相信更多人会选择酒店而不是民宿。请民宿主人们一定谨记：入住者是来为情怀买单的。

针对初创业的投资者来说，控制预算、缩紧开销是必须考虑的事情，在资金有限的情况之下，要让自己的民宿有特色、有情怀、有气质也并不是不能办到。我们要怎么做呢？那就在软装设计上多下点功夫吧。在软装中，确定自己的风格将是决定民宿氛围的前提条件，一家具有整体风格的民宿往往更能成功受到顾客的喜爱和关注。

确定风格非常重要，这既可以让你的民宿个性突出、优势明显，又可以让整个民宿的装修氛围协调一致，不会出现不和谐的因素，造成"四不像"的装修灾难。

以下是目前比较受欢迎的民宿装修风格，仅供大家参考。

1. 中式风格。

中式风格结合了古典文化艺术，通过营造我国的历史文化特色，将风格呈现出来。中式器具的装点古典肃穆，同时深具韵味（图3—9、图3—10、图3—11）。

图3—9 中式风格民宿1

图 3—10 中式风格民宿 2

图 3—11 中式风格民宿 3

室内布局中正,以墙、隔断、屏风打造层次感。重诗画情趣,讲究借景、藏露,变化无穷。

2. 北欧风格。

北欧风格是指欧洲北部国家(挪威、丹麦、瑞典、芬兰及冰岛等)的艺术设计风格,这种风格在色彩和空间上都追求简洁、素雅和明亮,深受现代都市人的喜爱(图 3—12、图 3—13)。

图 3—12 北欧风格民宿 1

图 3—13 北欧风格民宿 2

室内色彩以明亮高雅的白色系、莫兰迪色系为主，通过地毯、抱枕、装饰画、植物、小摆件等的装点，为房屋增添了热情的元素。

3. 日式风格。

日式风格简洁素雅，独具韵味。居室内的榻榻米、原木材质家具等的设置，庭院的细节，水、石、沙、植物等自然元素，将幽深致远的东方禅意发挥得恰到好处，总能让人瞬间安静下来（图 3—14、图 3—15）。

图3—14 日式风格民宿庭院

图3—15 日式风格民宿室内

4. 田园风格。

田园风格民宿一般借助自然景观进行装点。游客无论什么季节入住其中，都感觉春意盎然，生机勃勃。田园风格一般分为美式田园、法式田园、韩式田园三种风格。美式田园风格随性粗犷，法式田园风格悠闲惬意，韩式田园风格甜美淡雅（图3—16）。

图 3—16 田园风格民宿

5. 现代工业风格。

现代工业风格打破了常规的治愈系民宿风格，具有自己独特的气质，虽说缺少一些家的温馨感，但这种个性化风格，已受到现在许多年轻人的追捧（图 3—17）。

图 3—17 工业风格民宿

现代工业风格大多采用黑白灰色系，运用铁艺、砖墙、水泥墙等，设置暗色的家具、地板，突出炫酷、高冷的感觉。

在同质化严重的民宿行业，想要崭露头角，需要做到与其他民宿不一样，若硬装大同小异，就把软装做得与众不同。

（二）软装需要原生态

民宿选择软装饰品时，一定要结合当地风土民情，尽量使用带有当地特色的物品，融情于一砖一瓦，通过老物件向观光者诉说这个地方的故事（图3—18、图3—19）。

图3—18　民宿中的老物件1

图3—19　民宿中的老物件2

（三）民宿软装要有温度

对最初一批民宿创业者来说，情怀是推动他们经营民宿的动力，因为自己喜欢这样的生活方式，所以营造这样一种生活状态，这也是民宿最初吸引大家眼光的原因。亲近自然、宁静、舒适、简单，民宿追求的是一种与都市生活迥然不同的生活方式。因此，民宿设计要在舒适整洁的基础上，更多侧重于氛围的营造，表达人文温暖（图3—20、图3—21）。

图3—20　民宿的软装1

图3—21　民宿的软装2

透明的花瓶、散文类的书籍、手工的挂毯、舒服的靠枕都会给人营造出一种纯洁美好、慵懒随性、自由自在的生活感受，需要注意的是在选择这类物件时要充分考虑和房间风格以及色调是否协调统一。

(四)民宿软装要善用花草

也许你的民宿处在闹市间,没有高山也没有深水,但万万不能少了能制造氧气、装点空间的绿色植物(图3—22、图3—23)。

图3—22 民宿的环境1

图3—23 民宿的环境2

绿色是最能让人放松的颜色，逃离世俗安放灵魂的桃花源在人的想象中总是和绿色联系在一起。温柔的多肉植物，富有生机的藤蔓，装点了朴素的房子，点亮了荒芜的梦境。在用植物对民宿环境进行装饰时，一定要结合民宿的建筑和装修风格挑选植物。比如，中式和日式庭院中常用松柏、海棠、紫荆等；美式和欧式庭院常用玫瑰、蔷薇、鸢尾花等。当然，用那些容易种植、当地独有的植物来装饰环境也是不错的选择。

◎ 任务实训

小王家屋前有一个大荷塘，他想把自己的家改装成一间民宿，请问他应该怎么改造？

1. 如果你是小王，请说说你的改造创意。
2. 请为他拟定装修改造的计划。
3. 改造结束后进行评分（表 3—10）

表 3—10 实训评价

实训项目	项目要求	分值	得分
内容	观点新颖，有创意	2	
	设计符合周围环境所需	2	
	计划思路清晰	2	
语言表达	表述准确、清楚	1	
	普通话标准、流畅、有感染力	1	
职业素养	举止有礼、符合行规	1	
	微笑，有亲和力	1	
总分		10	

◎ 任务拓展

请参观、调研 1~3 家你喜欢的民宿，并说说你对这几家民宿改造、装修的看法。

◎ 知识链接

二维码：民宿设计中的色彩运用

◎ 情景设置

小王的民宿通过前期筹划，准备在十一黄金周前两天正式开业。毫无经验的小王和家人感觉有很多事情要做，却有点抓不住重点，不知道该先做什么后做什么，非常着急。

任务八
民宿的开业准备

◎ 任务描述

俗话说"万事开头难"，但凡事一定要有一个好的开端，才能为以后的工作打好基础。开门迎客，为确保万无一失，一定要有明确的工作任务、内容和清晰的工作逻辑。需要准备哪些东西、还有哪些事需要去做……让我们一起为小王出谋划策吧！

◎ 任务要求

1. 能说出开业前的准备工作内容。
2. 能设计一份开业庆典方案。

万事俱备只欠东风，民宿要开业前的准备工作烦琐，如果不按照一定流程把要做的事情一项一项列出来，很容易出现遗落甚至一团糟的情况，从而影响开业，也会影响后期的一些计划。为确保开业顺利，必须先做好开业前的准备工作。

基于民宿的软硬件基本已经配置好的情况。我们可以从下面16项工作着手来进行开业前准备。

一、店内外清洁工作

1. 清洗客房及公共空间的玻璃。
2. 房间卫生的清洁打扫。
3. 地面墙壁清洁。
4. 隐蔽角落打扫。
5. 店外围的清洁。
6. 走廊栏杆清洗。

保证店内外干净整洁,物品摆放有序。

二、地图信息标注

地图信息标注利于客人导航,可以显示在微信、QQ空间、微博等客户端。地图信息可以去各类地图应用软件进行标注认领。标注尽量做到准确无误,也可以请专业的地图标注团队来进行标注。

三、人员招聘及培训

民宿经营者需要根据民宿的档次、房间体量来确定人员配比,包括前台管家、客房清洁人员、兼职维修人员、厨师、帮厨、司机等。人员招聘工作需要在民宿正式开业前一个月就开始进行,一来让新员工有足够的时间熟悉客栈民宿情况,二来有足够的时间对新员工进行前期培训,使之熟悉工作内容。

(一)培训内容

1. 服务培训:客人接待流程培训、服务内容培训。
2. 技能培训:OTA后台使用、房态后台使用、POS机使用、身份证登记系统使用、客栈民宿内设施设备使用(如智能电视的使用)、税务培训(如打印发票)。
3. 应急事件培训:如对停电停水、和客人发生争议等应急事件处理的培训。

（二）制定合理的员工薪资体系

民宿员工的薪资体系一般按照基本工资＋绩效工资＋年度福利等方式来确定。

四、对房间进行通风处理

新开业的店需要解决的一个很大问题就是消除装修带来的污染物残留，以及一些难闻的气味。开业前需要对房间进行处理，尽可能消除污染物及一些不好的味道。下面就是几种处理方法。

1. 勤通风，每天打开门窗，让空气形成对流，保持房间内空气畅通。

2. 每个房间可以放置几个菠萝，菠萝属于粗纤维类水果，既可以吸收油漆味道，又可以散发菠萝的清香。也可以利用祛味清洁剂对家具、壁纸等进行喷涂。

3. 房间的柜子、箱子、抽屉中可以放置一些活性炭，活性炭对有害气体具有很强的吸附作用。

五、拍照

请专业的摄影师进行拍照。照片包含房间照片、公区照片、细节照片、过道照片、庭院照片、整体建筑照片、航拍照片等。拍好后，要对照片进行整理分类，以便后期持续使用。

六、房名命名

根据房间风格对房间进行命名，充分体现房间风格，可以用数字命名或者个性化命名（图3—24）。

图3—24　闲在·迨舍充满意境的房间名称

七、价格制定

民宿经营者应根据成本及客群定位，对不同的房型进行合理定价。

八、设置收款账号

民宿的收款方式应多样化，可以设置现金、转账、刷卡、微信支付、支付宝支付等多种收款方式，设置不同的银行收款账户。制作微信、QQ、支付宝收款二维码提示牌，申请办理POS机。

九、房间测试

房间测试主要针对房间的硬件及软件，保证设施设备使用正常，处于能入住使用的状态。

（一）房间硬件测试

电器设施设备测试调控：包括对电视、空调、热水器、电热壶、电热毯、电话、智能马桶、智能浴缸、智能窗帘等的调试。

洗浴系统测试：不仅要对单间客房热水出水时间进行测试，还要对全部房间热水供应时长进行测试，以防在房间住满情况下，出现热水不够用的情况。

门窗系统测试：检查门卡系统是否正常、窗子开关是否顺畅，有无损坏。

灯光系统测试：检查灯具及开关是否正常、晚上灯光效果如何，光线是偏暗还是偏强。

Wi-Fi 网络系统测试：Wi-Fi 是否正常、信号强弱。尤其要注意对处于边角房间的 Wi-Fi 测试。

（二）房间软件测试

软件测试主要是测试入住体验感，需要检查房间隔音状况是否良好、房间气味是否浓重、房间内有哪些不合理的配置及摆设。

通过对房间的测试，能够保证客人正常入住。

十、签约上线工作

1. 房态管理软件签约，如云掌柜、番茄来了、客栈通、去呼呼等。开通后，完善后台资料。

2. 其他方面签约，如布草洗涤签约、客人用车签约以及房间耗品、餐厅食材供应等方面的签约工作。

十一、用品购买及配置

购买用品的数量及价格要根据客栈民宿自身档次及体量来估算。需要购买的物品如下。

（一）按功能分

1. 清洁用品：各种刷子、扫帚、拖把、簸箕、吸尘器、洗衣粉、清洁手套、抹布、消毒液、清洁剂、清洁袋、垃圾桶等。

2. 客房耗品：沐浴露、洗发露、护发素、润肤露、牙刷、牙膏、肥皂、拖鞋（包括一次性拖鞋）、剃须刀、针线包、擦鞋布、护理袋、计生用品等。

3. 办公用品：贴纸、文件夹、A4 纸、名片夹、中性笔、记号笔、剪刀、胶带纸、固体胶、双面胶、订书机、计算器、复印纸、税票打印机、记账本、收据单、菜单、收纳盒、夹子、支架式黑板、粉笔、U 盘、POS 机、二代身份证阅读器等。

4. 维修用品：折叠梯、手电、套装工具箱、马桶疏通器、水晶头、钻头套装、电笔、园艺剪刀、洒水壶、铲子、镰刀、铁锹等。

5. 日常生活用品：指甲钳、雨伞、雨鞋套、针线盒、水果刀、晾衣架、USB线、肥皂、洗衣液、开瓶器、红酒杯、蜡烛、打火机、医药箱、电池等。

6. 厨房用品：盆、盘、碗、锅、筷、调味品、各类厨具（刀、叉、夹子、铲子、勺子、砧板等）、油烟机、泔水桶、托盘、洗涤蒸煮设备等。

7. 通讯用品：对讲机、电话、手机、电话卡。电话号码尽量挑选一些好记顺口的号码。

8. 消防用品：灭火器、消火栓箱、烟雾报警器、消防水带、应急照明灯、消防面具等。

（二）按区域分

1. 一间客房的基本配置。

电热壶×1、漱口杯×2、水杯×2、卫生间卷纸×1、垃圾桶×2、纸巾盒×1、衣帽架×1、浴袍×2、拖鞋×2、地巾×2、面巾×2、浴巾×2、台灯×2、牙刷牙膏×2、沐浴露×1、衣架×5、洗发露×1、浴帽×2、电视×1、空调×1、烟灰缸×1、果盘×1、矿泉水×2、灭蚊器×1、体重秤×1、吹风机×1、茶叶袋×2、计生用品×1、浴室防滑垫×1、插线板×1、房卡×2、钥匙×2、毯子×2、枕头×4（每家民宿根据具体情况斟酌添减）。

2. 前台的基本配置。

工作电脑×1、视频监控显示器×1、打印机×1、税票打印机×1、电话×1、笔筒×1、二代身份证阅读器×1、POS机×1、计算器×1、保险箱×1、对讲机×1、本子若干（每家民宿根据具体情况斟酌添减）。

十二、物品归位存储

民宿服务人员应把物品进行整理归类，分别放在不同的地方，如布草间、储物间、吧台、前台等，并进行物品盘点，便于在需要使用的时候能够迅速找到。

布草间：布草、清洁工具、客房耗品等。

储物间：维修工具、杂物等。

前台：小件物品（如手电筒、指甲钳等）、办公用品等。

吧台：水果刀、开瓶器、各类杯子等。

十三、民宿整体设施设备测试调控

开业前，民宿主人应对店内的监控设备（监控设备是否使用正常、是否存在监控死角等）、音响、灯光、水泵、消防、网络等进行系统的测试，保证这些系统能够正常使用。

十四、制度制定

民宿主人可以参考其他家的规章制度，结合自己店的具体情况制定制度，保障民宿正常有序运转。制度包括以下几个方面。

1. 前台管家工作制度，包括工作内容、工作流程、请假制度、衣着打扮要求、交接班流程等。

2. 客房及公区清洁制度，包括客房公区打扫标准、客房检查标准等。

3. 厨房使用制度。

4. 财务制度。

5. 库存制度。

十五、证件办理

硬件及软件配置好后，到最后，民宿想要持续规范化发展，必须要办理卫生许可证、营业执照、税务登记证、特种行业许可证、食品流通许可证等证件。

十六、开业庆典

一切准备妥当后，要做一次开业庆典，可以邀请一些渠道商、亲朋好友、媒体人、房东来参加，举办一个小型聚会。为后续运营打好基础，同时也能够做一次开业传播。

◎ 任务实训

请你为小王设计一份开业庆典方案。

◎ 课后拓展

课后通过互联网视频观看相关的开业庆典，对照任务进行方案修正。

◎ 知识链接

开业前需要办妥的几种证件

1. 营业执照（营业执照登记的经营范围要有住宿，可开发住宿发票）：工商局办理。

2. 组织机构代码证：质监局办理。

3. 税务登记证：税务局办理。（2015年10月1日起，营业执照、组织机构代码证和税务登记证三证合一）

4. 开户许可证：银行办理。

5. 消防安全检查合格证：消防局办理。

6. 特种行业许可证：公安局办理。

7. 卫生许可证：卫生局办理。

8. 食品流通许可证：工商局办理。

项目二　民宿运营常用策略

运营民宿不仅要有情怀，更要实现"利润"。而成本控制、房价管理、互联网平台宣传及流量提升策略是运营过程中不可回避的问题。如何运用上述策略来实现"盈利"目标，让我们一起来探讨一下。

> **学习目标**
>
> 1. 能清楚知道不能依靠单一的营销服务来占有市场。
> 2. 掌握当前互联网的主要模式和营销策略。
> 3. 能较好地运用各类互联网平台和网站进行营销服务。
> 4. 能分析民宿运营现状并有针对性地提出流量提升方案。

◎ 设置情景

小王的民宿开业一个月了，自家店装修很有特色，地理位置也很优越，但就是入住客人不多。他一直坚信"酒好不怕巷子深"，于是只是坐等上门客，这一个月下来，生意很是惨淡。为了让生意变好，他利用空闲时间去拜访了几家和他同类型的、生意火爆的店，想进一步了解他们的营销手段，学习其经验。

任务一
民宿运营成本控制

◎ 任务描述

小王的民宿通过一段时间的经营，生意逐渐红火了起来，但几个月下来，他经过认真仔细地盘算，却发现收益甚微。小王心里不免有些失落。他准备从成本控制方面入手一探究竟。

◎ 任务要求

1. 能理解如何控制单体单店的经营成本。
2. 了解关于OTA的成本控制。

要经营好一家民宿，首先要明确地认识到一个道理：成本也是利润。成本控制得越好，利润越高，对于大多数单体单店经营模式的民宿来说更是如此。下面，我们一同来探究经营过程中成本控制的常见问题。

一、如何控制单体单店的经营成本

1. 建议大家在筹备之前，做一个超出预算10%～20%的成本预算表，清楚自己要花的钱大多数都在哪里。然后把成本预算表里超过一万块钱的项目单独列出，去做成本的独立核算。

2. 在筹备期间，如果成本预算已经定稿，或装修的样板图、效果图已经确定，主题定位、客群定位都已确定之后，只要是涉及房间面积超过十平方米或者两个房间以上的区域改造项目，尽可能在这些项目上做减法。因为客人对房间的要求并没有我们想象的那么多。

3. 不必把一个区域的装修一次性做到位，这样投入成本会很高。一些可有可无的装饰品或物品可以在打折促销的时候去采购，有效节省资金。

4. 现在很多经营者会走入一个误区：一家店两到三年以后就放弃原有装修，重新进行装修，其实这样很浪费。

我们经营民宿，更多是为了让我们自己的生活有所不同。大家可以设想一下，如果每一家民宿都想方设法地在两到三年后去做房屋的翻新装修，这样在民宿的聚集地全年都有民宿在装修，带来的结果就是市场环境和自然环境的恶化，在这样的情况下，就难以为客人提供较好的体验，难以获取较高的满意度，生意自然也就差了。其实东西不可以脏但可以旧，并不是所有配置都要豪华、焕然一新才能满足客人的需要，消费者想要的是回归生活，而不是单纯的奢华。

5. 单体单店的经营成本逐年递增，建议大家对每年的维修费用也做一个比较准确的估算。其实单体单店的经营成本很难降低。在经营之外，很多时候单体单店的经营成本居高不下，并不是因为店内开支，而是因为民宿主人不时地招待亲友所产生的开支。如果是组织活动回馈客人，这样的经营成本是该花的，但如果过多地进行应酬和公关则是很不必要的。

6. 开店之前要把客群定位好，明确自己接待的是什么样的客人。控制经营成本其实与接待的消费者也是有关联的，如果你的店什么样的房型都有、什么样的客人都要去接待，一定会增加一些经营成本。

二、两三年后成本控制的重点

一家民宿良性经营两到三年后，会进入下一个周期，在这个周期，我们如何进行成本控制呢？简单总结一下，有以下几点需要注意。

1. 不要大修大装，大修大装势必要把原先收回的本钱又都投入进去。
2. 要保持自己的特色，尽量做到人无我有。
3. 注意电器维护，电器在使用两到三年以后需要经常检修。
4. 要重视家具的检查和维修。
5. 外墙的防水。房屋都有一定的使用寿命，很多房间发霉或是漏水都是因为外墙的防水没有做好，建议大家在装修完三年之后，全面地检查房屋的外墙和天花板，如果有漏水的痕迹要及时进行检查和维修。

三、成本逐年递增后的应对方式

1. 做好下一季度的成本预算。在经营期内建议大家每一个季度都做好下个季度的成本支出预算及核算，这有助于我们在经营过程中少花钱，避免乱花钱。
2. 千万不要随波逐流、随心所欲。很多民宿主人看到周边的同行添置了一个东西之后会觉得很不错也去买一个，却不考虑物品的实用性。每增加一项成本投入都应结合房屋的状况，如果房屋本身不适合某些物品的添加，增添之后其实是在给自己的资金和房屋增加负担。
3. 多从旅行者的消费习惯去考虑成本支出和物品添置。建议多和客人对话，了解他们的消费习惯，再决定添置哪些物品。
4. 建议大家可在软性的成本支出上做加法，以及不要反复地在硬件设施上做过多的投入。这里的软性成本支出不单是指软装或是供给客人一些精油、咖啡、茶之类的物品，还要从人工的角度去考虑。现在有很多经营者往往都在硬件设施的成本支出上面考量过多，而没有在人才这些软性成本上进行考量，导致行业人才紧缺。一间房子如果没有人，就是一个没有灵魂的经营体。建议大家尽可能地培养员工，给他们与工作相匹配的薪资待遇、福利，设立奖励机制充分调动他们的工作积极性，进而提升其工作效果，这对民宿的总体成本的控制以及利润的实现都有很大的帮助。

四、关于 OTA 的成本控制

OTA 的成本很高，会占到总体营业额的 18%～20%。你如果只能通过 OTA 来产生订单，应该考虑调整经营策略。因为 OTA 的佣金一旦确定，以后不太可能降低或者抹平。

在经营过程中，应该着重观察自己的数据，了解不同的季节在不同的 OTA 上的推房效果。了解哪家 OTA 给的客源最多，哪家 OTA 在淡季的时候客源补充量最多，适时地调整在这些 OTA 上面的营销方案。

现在 OTA 上的"金牌""特牌"的佣金特别高，不建议大家采用。在 OTA 上推广得再好，落地服务没有跟上，也没有回头客。因此，想要降低 OTA 的推广成本，实际上不管是单体经营还是连锁经营，都应该考虑增加垂直销售、推广会员制度、利用好粉丝经济这三种营销方式。

◎ 任务实训

实地参观民宿"江南忆"并形成经营报告。

◎ 课后拓展

利用周末实地参观周边知名民宿，了解他们的经营管理情况。

◎ **情景设置**

小王家的民宿位于青城后山，每到周末，熙熙攘攘的车辆不断地在他民宿的门前穿行，他不停吆喝、拉客，旺季还可以天天爆满，而淡季一个客人都没有。这种一年经营只靠三个月维持的日子，让他感觉压力很大，几次想要转型，却又咬牙坚持着。

任务二
民宿网络营销

◎ **任务描述**

大数据时代信息瞬息万变，小王的故事告诉我们：传统的吆喝宣传已经不能适应现代社会的发展需求，酒好不怕巷子深的年代早已过去。互联网是民宿经营活动中不可或缺的工具。小王的民宿想要打开局面，少不了网络的助力，他需要根据自己的具体情况进行合理选择。

◎ **任务要求**

1. 了解当前"互联网＋旅游"的发展现状。
2. 了解不同互联网平台的基本情况，并能合理选择平台。
3. 理解"互联网＋民宿"营销策略在民宿经营中的运用。

一、当民宿崛起遇上互联网时代

（一）民宿和"互联网＋旅游"呈井喷式发展

旅游作为一个兼具经济与社会功能的综合性产业，单纯依靠传统的线下营销完全无法跟上时代的脚步。互联网的融入让旅游业的发展如虎添翼。以近年的国庆长假为例，根据国家旅游局数据，假日前四天，互联网与旅游融合效应显现，游客网络预订量增速迅猛，移动互联网预订比例上升，去哪儿、携程、马蜂窝等在线旅游企业假日订单增幅在100%～300%。

无论是携程、去哪儿、同程等OTA巨头，还是新兴的马蜂窝等平台，其移动端在黄金周中都表现亮眼，"互联网＋旅游"初显威力。无论是行前预订、行中购买、行后点评，在手机移动端应用快速发展的今天，都变得比以往更为容易。"边走边订"也成为现实。淘在路上数据显示，其"边走边订"订单占到了国庆长假期间总订单的67%，其中景点门票占"边走边订"订单总数占比近一半，位居第一，体验、酒店套餐位居第二、三位。

(二) 民宿经济刚刚驶上互联网高速公路，前景广阔

民宿的迅速崛起、互联网旅游经济的快速发展，为民宿经济的互联网化提供了条件，"互联网＋民宿"开始逐渐发展起来。

在移动互联网的大趋势下，自2011年开始，非标准住宿领域内一些专业的预订平台开始集中出现。通过互联网，游客可以在出发前了解各个城市和景区的民宿情况，利用网络支付手段，提前预订民宿，并安排好以民宿为中心或节点的旅游路线和计划。

整体来看，"互联网＋民宿"目前在国内还是一个新兴的组合。与传统酒店经营有较高的互联网化程度相比，相当多的民宿经营还处在较低程度的互联网化水平。

曾有业内人士对国内古镇民宿的近期发展做过调研，发现许多古镇内的民宿信息化管理仍然很弱。一个本子、一支笔成了民宿老板"打天下"的工具。中国目前大约有40~50万个住宿单位。在这些住宿单位中，真正的星级酒店只有17000个左右，剩下的大部分则是招待所、客栈、民宿等，然而却有60%左右的民宿老板依然用传统模式在营销。他们不懂得使用互联网，还是用朋友推荐、上门推销等方式经营民宿，这大大降低了工作效率。

洼地往往孕育着生机，只有加大对"互联网＋民宿"这一经营方式的投入，扩大原有的经营规模，打造全新的互联网化民宿平台，推出互联网民宿产品和服务才能让民宿行业持续良性发展。

二、"互联网+民宿"八仙过海，各显神通

（一）主要模式

1. 类似 Airbnb 的 C2C 模式：如小猪民宿、蚂蚁短租以及爱日租等，这类平台上的房源以个人房源为主，平台通过信息展示为房东和租客提供了一个交流的机会。

2. 以途家为例的 O2O+B2C 的创新模式，平台会涉及从房屋出租到交易结束，以及售中售后的各项服务、线下的物业管理等各条生态链。这些平台的房源以开发商和经营者的空置房源为主。

（二）部分民宿互联网平台

1. Airbnb。

互联网民宿平台的成功先例非美国 Airbnb 网站莫属。用户通过网络或手机应用程序发布、搜索度假房屋租赁信息并完成在线预订程序。它甚至被时代周刊称为"住房中的 Ebay"。Airbnb 所提供的点对点短租模式正在席卷全球，短短几年时间已经覆盖 191 个国家、超过 65000 个城市、更有超过 320 万处房源，并接待数亿人次的客户。

Airbnb 的颠覆之处在于用户可在网络上发布自己的私人住宅，为背包客提供短期租赁服务，这样花同样甚至更少的钱，可以选择更有趣的私人民宿甚至是树屋、古堡。

人们试图向客户出租的已不仅仅是房间，还包括办公场所以及驾车出行的座位。人们甚至将电钻、割草机等闲置资源变成收入来源。人们还会出售自己的时间，承接遛狗、取回干洗衣物或组装宜家家具等杂活。

Airbnb 已成长为全球最大的旅行短租网站，其成功的商业模式亦引来诸多效仿者。自 2011 年起，中国市场上开始陆续出现在线短租平台。

2. 途家网。

途家网于 2011 年 12 月正式上线，是一个定位为中高端的品质服务公寓预订平台，为旅行者提供旅游地度假公寓的在线搜索、查询和交易服务，旨在为旅行

者提供优质的度假体验以及灵活的闲置资产托管增值服务。

途家网提供的度假公寓采用酒店式管理和服务,创造集酒店、家庭为一体的住宿环境。途家网强调居家体验、物超所值、房型多样、自在私密的特点,适合全家行、自由行、深度旅行和休闲养老。

途家网在中国结合本地化需求尝试着改变国外的 HomeAway 模式,打造了行业内线上和线下结合的 O2O 模式。从线下房源类别上看,途家网提供的房源主要分为公寓、别墅和特色住宿产品,其中公寓产品占最大比例,而公寓在不同的城市其类型也可细分为海景公寓、温泉公寓、高尔夫系列公寓等不同主题。与此同时,途家也在各大城市发力布局针对都市白领的白领公寓。在特色住宿产品方面,途家相继上线了游轮、土屋、树屋、房车等产品,并在不断丰富个性化产品。目前途家网把主要精力用在了平台 App 上,旨在吸引更多用户。

途家网通过自营以及加盟的方式统一标准化管理线下门店,旨在通过线下体验支撑线上品牌影响力,是典型的 O2O 模式。其中对于加盟的门店,途家网通过向物业或者开发商收取品牌费的形式进行盈利,同时为实施标准化管理,途家网会亲自派"管家"监督管理,对于不符合标准的商家会扣分,多次违反规定者会被直接下架。

3. KEYS。

同样是"互联网+民宿"玩家的 KEYS,则将自己定位为国内个性化住宿方式的定制者。"今晚睡哪儿?"系列产品服务,搜罗设计师的民宿,让游客能够在各种风格的房间里体验不同的设计风格。

在上海,KEYS 就有 100 多套风格迥异的民宿,如位于永康路楼顶的星星房、位于嘉善路的老洋房、静安寺旁的小别墅等。它们有的被改造成现代简欧风,有的沿袭中式古典风格。KEYS 在北京、广州、厦门等全国六个城市都有独特的民宿提供,通过互联网,全国用户都可以方便地预订有特色的民宿居住。

KEYS 提供的民宿价格不算贵,有自己的品牌设计风格。KEYS 给客人提供的差异化体验让稍高的价格也显得物超所值。它既保持好玩有趣的设计感,又支持民宿的社交氛围;比精品酒店价格更亲民,又比普通旅舍更轻奢舒适。KEYS 的口号是:"今晚睡哪儿?"这样一句话在传统一代眼中可能代表着"无家可归"的忧虑,但在"90 后""00 后"年轻一代眼里,却往往代表着自由、浪漫、新奇和无拘无束。在从业者看来,住在哪、怎么住,有趣、气质、品味,这些才是年

257

轻一代更加在意的事。因此，KEYS曾经在儿童节那天推出了模仿动画片《哆啦A梦》主人公大雄家的住所，在上海的建筑工地里推出神奇集装箱这样的住所，甚至还推出了满是白色泡沫小球和白色灯光的纯白神奇屋。KEYS提供的这些差异化服务让它显得更潮更有趣，用户不再只是一个城市的过客，他们可以在KEYS的房子里找到温暖和幸福，找到"家"。

4. 番茄来了。

番茄来了免费客栈管理系统创立于2013年，推出了供应商开放平台，吸引本地各类供应商加入平台，将供应商的产品公开展示出来，实行透明返佣政策。同时，它引入客栈经营者的实名制评价，让客栈经营者能找到质量可靠、收益可靠的旅游产品推荐给其客人，或者将旅游产品和其房间打包做个性化旅行套餐。

通过平台的强大议价能力，民宿经营者可以获得比以前更高的收入，对于供应商来说，信息化平台大大缩减其拓展成本，平台开发的评价系统也促进其产品品质和服务水平的不断提升。同时，番茄来了已和国内知名的机票供应商合作，引入了全国机票资源。通过App上的代订机票功能，即可实施查询全国机票信息、购买机票并获得对应的返佣金。加上民宿的返佣后，其售价可能还将低于去哪儿、携程等平台的机票价格。平台后续将陆续引入本地门票、租车、汽车票、周边线路、特产、娱乐消费等资源。平台对于产品的品质严格把关，设定准入标准，将服务能力低下、存在消费陷阱的供应商淘汰，保留优质的产品供应商。

未来番茄来了将聚力打造聚合平台，将房间和周边产品打包，通过数量众多的客栈小平台提供丰富的旅游产品套餐，以吸引更多客人到店入住。番茄来了下一步还将开发面对广大游客的旅游预订平台。通过抓取各个客栈平台提供的高性价比产品，做精品推荐，以此为休闲度假游客提供"个性化的客栈住宿＋高品质的本地游玩"的旅游体验。

三、民宿经营的"互联网＋民宿"营销策略

（一）扩大民宿的网络宣传力度

民宿经营者可通过在知名网络社区的旅游版面发布民宿的宣传信息，或撰写图文并茂的旅游攻略与游记，并在文中适当介绍民宿的亮点的方式进行宣传。民

宿经营者还可以自行建立微信公众号、微博账号，通过微信、微博等社交媒体的传播，扩大影响力，让更多用户所熟知。

（二）扩展互联网交流渠道

民宿经营者可以通过网站、微信、微博等方式，利用图片、文字和视频，对民宿内各房间的报价、餐饮情况、酒店位置和周边环境等进行展示，使潜在客户可以自行获取大部分信息。此外，还可以通过网络论坛、Email、腾讯 QQ、微信群与 Skype（主要面向国外游客）等方式与客户进行沟通。

（三）利用互联网运营商搭建的民宿预订平台，或自行建设互联网预订管理平台

民宿的房间数量虽然有限，但由于预订信息较多，而且预订信息变更频繁，如客户因特殊原因修改住宿日期、取消订单等，民宿经营者可以利用已有的互联网平台，或自行开发建设具有后台数据库支持的网络预订管理平台，随时了解房间的空余信息，同时也可以给游客提供 24 小时查询和预订的服务。

（四）组织"民宿联盟"

为规范经营，临近的若干经营状况良好的民宿可以联合组成类似"民宿联盟"的组织，由专业民宿或酒店经营团队管理，"民宿联盟"可以以统一的界面和服务面向客户，落实订单，再分流到具体的民宿。这种模式可以给客户提供专业化的服务，并逐步淘汰违规经营的部分民宿或促使其整改，使协会内民宿进一步规范化。

◎ 任务实训

利用互联网平台进行学习，了解不少于两个平台和网站的基本情况并形成说明作业呈交。

◎ 课后拓展

利用周末浏览都江堰市知名酒店、民宿的专属网站，了解他们的营销产品和服务。

◎ 知识链接

一、中国互联网民宿鼻祖

中国互联网民宿行业以"爱日租"为鼻祖，但爱日租最终因资金链断裂而倒闭。不少业内人士认为，爱日租的失败证明了类似 Airbnb 的 C2C 模式在国内会因为市场过于分散和复杂，从而无法用有限的成本将碎片化的需求和供给集中起来。同时房东与房客在交易过程中所产生的质量、服务、安全、纠纷等不确定因素导致真正的 C2C 模式很难实现。

二、什么是 C2C、B2B、O2O

C2C：电子商务的专业用语，是个人与个人之间的电子商务。C 指的是消费者，因为消费者的英文单词是 Consumer，所以简写为 C，又因英文中"2"的发间与 TO 相同，故 C2C 即 Consumer to Consumer。

B2B：指企业与企业之间通过专用网络或互联网，进行数据信息的交换、传递，开展交易活动的商业模式。也写成 BTB，是 Business-to-Business 的缩写。

O2O 即 Online to Offline（在线离线/线上到线下），是指将线下的商务机会与互联网结合，让互联网成为线下交易的前台，这个概念最早来源于美国。O2O 的概念非常广泛，既可涉及线上，又可涉及线下。

三、民宿营销推广

民宿经营者应开通并完善客栈民宿的微信、微信公众号、微博、头条号等自媒体平台，客人关注民宿，一般从四个端口获取信息，自媒体端口（微信公众号、微博、头条号等自媒体平台）、线上销售端口（如 OTA 渠道）、搜索端口（百度、搜狗、360 等）、社区端口（旅游社区、贴吧、豆瓣、知乎等）。怎样推广自己，就要从这四个端口着手做内容，包括图文内容、点评内容、视频内容、问答内容等。若没有自媒体平台，就要构建自己的自媒体矩阵。

◎ 设置情景

小王的民宿开始营业了！但新的问题困扰着他：自己精心筹划的民宿推广方案市场反响平平，网络平台流量和出租率均与自己的期望值相差甚远。如何提高流量和出租率？小王苦苦思索着……

任务三
流量提升基本方法

◎ 任务描述

作为一种特殊商品，民宿房间产品和酒店客房产品一样，具有不可储存性。如果某晚没有销售出去，那么当晚的价值就白白浪费。所以提高网络平台流量、提高出租率是实现其价值的唯一途径。小王渴望尽快成为运营高手，让自己的民宿变成"流量咖"。让我们与小王一起探寻流量提升途径。

◎ 任务要求

1. 能描述流量、出租率含义及关系。
2. 理解民宿提升流量的常见方法。
3. 能分析民宿运营现状并有针对性地提出流量提升方案。

一、流量与出租率

流量是一个网络技术名词，在这里特指打开某家民宿网站地址的访问量，主要包括用户在网站上的停留时间、页面访问情况、不同时段的用户访问量等。流量越高，说明民宿关注度也越高。

房间出租率是已出租的房间数与某家民宿可租用的房间总数的百分比（出租率＝已出租客房数/可出租客房总数×100%）。出租率是经营管理状况的一项重要指标。在一定程度上，该指标与流量相互关联，流量高，意味着出租率可能也会高，流量提升对民宿运营管理至关重要。那么一家民宿，尤其是新开张不久的民宿应如何提高自己流量呢？

二、提升流量的常用方法

(一) 品质策略

民宿产品的品质是一切运营管理的基础，随着社会经济的不断发展，高品质的民宿远比低价位民宿更容易获得成功，因为消费者对生活品质、审美、服务都会提出更多的要求，高辨识度的个性化民宿必定是引起客人关注的核心。

民宿产品的品质由两个部分构成：硬件产品质量和软件产品质量。硬件产品质量满足客人的功能性需求，如方便舒适的食宿娱乐设施设备等；软件产品质量又由两部分构成，即服务产品质量和个性产品质量。服务产品为客人提供周到满意的服务，满足客人求尊求新等心理需求，个性产品则充分满足客人对触及心灵深处的某种生活方式、经历、审美等综合而复杂的身心体验的需求。硬件产品和服务质量各家民宿都会竭力打造，唯有产品个性难以复制，只有三者融合、共生才可能形成高品质民宿产品。当客人邂逅带给他满满体验感的高品质民宿，他一定会发自内心地去主动宣传，如在微信、微博等社交媒体上传播，或口口相传广而告之，或在平台上给予好评，甚至多种方式同步进行……无论哪种方式，都将为民宿带来关注和流量。可见个性化产品本身就是最好的传播载体。那么在确保硬件与服务品质的前提下，如何塑造民宿与众不同的个性呢？

为提高民宿辨识度，需要挖掘、打造一个易于传播、易于理解的亮点，如"主人做的菜超赞""他家的水喝起来特别甜""装修很有感觉"……大部分选择民宿的客人通常都想要寻找一种特别的体验，个性会成为促使客人下单的决定性因素。通常可以从品牌塑造、传播故事和个性化服务三个方面去塑造民宿的个性。

1. 品牌塑造。名牌、名人效应始终无可替代。如果民宿主人本身是"网红"或知名行业专家，就能提升民宿本身的名气，能有效提高民宿辨识度和关注度，满足客户"追星逐名"的心理。

二维码：民宿 LOGO 之美

2. 传播故事。民宿常以"有茶、有酒、有故事"吸引客人，关键点就是讲一个"很少有人听过的故事"或聊一段"别人从未有过的经历"，令人充满期待……

3. 个性化服务。成功的民宿常提供做到极致的管家服务或充满民宿特色的个性化服务，尤其是向客人展示充满魅力的主人文化：会讲故事、会弹吉他、炒一手好菜、会拍美照、为人热情豪爽幽默，等等。这样的个性化服务会让去过的客人赞不绝口，没去过的人渴望前去体验。

这类高品质、高辨识度的个性化产品，让客人体验惊喜，怎会不传播？而发自顾客的传播，才是真正具有竞争力、能汇聚流量的推广。

个性化的塑造最好集中突出一两个主题，因为个性太多反而失去了真正的辨识度。为保持民宿本身的"新意"，需要根据客户群的需求变化定期升级打造新的个性化理念。

（二）网络策略

民宿业专家们认为"不跟互联网沾边的民宿一定是没有前途的民宿"，任务二中为大家介绍了多种网络平台，不管选择哪一种平台，民宿都要做好自己该做的事情，努力提高网络曝光度。

1. 美美的照片。

客人通过平台预订民宿时，首先看到的是图片，了解民宿最直观便捷的方式也是浏览图片。而客人浏览一张图片的时间通常不会超过 2 秒，如果 2 秒内房源图片没有引起客人的关注，就意味着你可能已经失去他了，直接影响入住率。所以优质的图片是提升流量的基础，放在平台上的照片一定要具备清晰而真实、漂亮而全面、独特而吸睛三个特点，尤其是第一张照片。

首先，每一张照片都必须清晰，因为清晰让人感觉真实、有吸引力、愿意继续看，而模糊不清会让人留下低端、敷衍的印象，可能会被立即否决。其次，凸显"美",爱美之心人兼有之,摄影师巧妙运用光影、角度拍摄出来的漂亮图片,能帮助客人下决心。最后,图片信息要尽可能全面,既要有全貌图还要有局部图,全貌图真实呈现房间整体布局,让客人概括了解房间状况;床、卫生间等区域的品质与卫生是客人最重视的地方,务必用局部图打消客人疑虑。通常美感与品质成正比关系,以美取胜也不失为一种吸粉招数。显现民宿独特个性的美照,吸引客人的机会更大。

所以拍照千万不要图省钱,一定要请专业的民宿摄影师,使用专业摄影工具进行拍摄,否则拍出来的照片达不到平台的要求。但取景拍照时民宿主人务必在场,一是确保场地干净整洁,二是及时与摄影师沟通,让他了解自己想要表达的内涵及主题,这样拍出来的照片才能展示民宿特色和魅力。

2. 起一个好名字。

有格调的民宿一定要拥有一个让人过目不忘的好名字,所以民宿主人千万别忘了给自己的民宿起一个好听、好记、简洁、别致、充满意境、很少重复的名字,这也是提升流量的好办法。比如,将都江堰市+青城后山+坐忘(坐而忘忧)+森林+精品+酒店,简化为"青城坐忘","青城"是其独特的区域位置,"坐忘"彰显其浓浓禅意;将都江堰+虹口+江南+忆+庄园,简化为"江南忆",借用我国古代诗词引入江南如画风景,甚有意境。两个名字都起得清新脱俗、很有意境,无形中定位和选择了客户群体。民宿的命名要密切结合自己的主题和定位,或超凡脱俗或温暖浪漫,或跳脱不羁或闲适自在,无论何种风格,一定构思独特、简洁明了、好听好记。

3. 区域位置描述具象化。

民宿所在位置描述非常重要。先说说城镇民宿,选择这类民宿的客人可能是途中路过,希望交通、生活方便;也可能是选择一个有个性的停留地点,方便自己充分体验当地风俗民情;还有可能是希望找一个与当地某著名景点距离较近的民宿,既方便游玩又可以体验民宿的别样文化……不论出自何种目的,"方便"是第一要素。所以这类民宿在平台上的位置描述一定要具体,如"距离某某地铁站 A 出口 50 米""某某车站某路公交车 4 站直达""某某站出口打车 5 分钟到达"等,充分满足客人"交通方便"的心理需求。再说说乡村民宿,选择乡村民宿的客人通常是冲着"著名景区""网红打卡地""优越的自然生态环境"等标签去的,所以民宿所在地与这些景点的位置关系就显得至关重要。"位于某某民俗村、某某古镇、某某生态区中心""步行 15 分钟即可到达某某景区""我家旁边 100 米处有一个天然温泉"等与景区关联的描述特别具有吸引力，优越的区域位置很能吸引眼球，引起关注。但所有的描述一定是真实的、经过自己亲自考察确认过的，切忌为赚取噱头胡编乱造、欺诈客人，这会导致差评。此外，自驾车的客人特别关注停车问题，所以停车信息一定给予明确的说明，解决客人的后顾之忧。

4. 处理好与平台的关系。

只要和平台建立了关系，就一定要想法与平台维持良好的关系。首先，民宿主人要积极参加平台组织的诸如淡季打折、机票＋民宿类折扣或民宿＋景区门票类折扣等活动，尤其是新开业民宿，哪怕只拿最少的房间数量，都会有利于推广和提流，千万不要因为"房间数量不多不愁销路"而不参加，这会直接影响民宿在平台中的排名。其次，要随时关注房态变化，及时在后台更新，无房要及时关房，千万不能造成无房拒单现象。一次拒单可能会减少十个订单，而这十个订单最终会转嫁到民宿头上，严重影响民宿的信誉及排名。此外，还有一个雷区：严禁将客人由线上转线下。当然通过优质服务打动客人并将其转化为线下熟客的过程是合理的，但现场转化将直接影响民宿在平台上的销量、流量与排名，还会受到平台惩罚（表3－11）。所以保持销量、与平台维持良好的关系是提升民宿排名和流量的重要手段。

表3－11 携程网对逃单的处罚

违规类型	违规次数	处罚内容
一般违规	违规1次	警告
	违规2次	排序降权
	违规3次	暂停售卖5天
严重违规	违规4次	暂停售卖15天
	违规5次	暂停售卖30天
	违规6次以上	暂停售卖60天及永久停售
每180天清零，次数按每月计算，排序降权生效期为一个月		

5. 发挥自媒体的作用。

近年来，自媒体发展迅速，微信、微博、抖音等已经普及。民宿主人万不可失掉这些自我宣传的工具，兴许它们能助你成为网红民宿。

（三）客户策略

民宿除了情怀，当然还需要盈利，与客人搞好关系、留住客人、扩大客源是获得利润的前提。

1. 建立有效客户微信群。

第一次接触的客人尽量加微信好友，方便为他提供各类咨询，并打动他成为你的客户，帮助你提升流量。

民宿主人要建立客户微信群，在征得住客同意后，将他们拉入客户群，在群里解答住客的疑问，提出解决方案，提升客人满意度。这样可以积少成多，留下客户资源。这些客户体验了民宿的服务，如果对民宿的产品认可，便会慢慢转化成为民宿的有效用户，他们中有回购者，有传播者，相当于民宿的财富。

2. 及时回应客人。

及时代表重视，客人每一个阶段的需求都需要民宿主人或管家做出快速反应，这体现着我们对客人的关心和尊重，能获取客人的信任。具体表现在以下几方面。

（1）"秒回"订房咨询，打下信任基础。"秒回"使客人愿意与你继续深聊，详细了解民宿的细节，开启成功订房第一步。平台上民宿太多太多，客户往往没有太多耐性等待，如果民宿主人或管家在平台上的反应不及时，客户很快就会转移视线，所以想得到流量、销量、排名应首先应从及时响应开始，努力让平台咨询者成为你的客人。

（2）快速提供在店服务，建立"家人"一般的信任关系。客人的需求各式各样，我们不知道下一秒客人会有什么需求、会发生什么事情，或咨询、求助或投诉，无论哪种情况都需要第一时间给予回应并提供客人所需要的帮助，让客人感到被照顾、被尊重。尤其是对客人的投诉，务必要以最快的速度了解情况、解决问题，消除客人误会，避免离店后的差评。

（3）时刻关注、回复客人评价，营造"家"一般的温暖氛围。首先，我们要尽力控制客人评价，以我们的优质产品、温馨服务获取客人的好感，引导客人给予5分好评；还要通过事前预估、沟通，尽量避免差评。其次，时刻关注网络评价并及时回复，对好评真诚道谢，对差评要想法设法联系客人，耐心沟通，力争"撤差"。建议每条评价都认真回复。

3. 让客人成为主动宣传者。

口口相传也是一种推广方式，但我们要清楚，高辨识度、高品质产品、高满意度是客人主动宣传的基础，所以产品策略是提升关注度、提高流量的关键。除此之外，还可以给予客人一定的回报，如实名分享可以赠送小礼物、免费使用唐装等，甚至还可以发动部分客人成为分销人。客人不管以何种方式的分享，拍照取景时一定要出现民宿的LOGO，分享民宿地址、入住经历等内容，这样才能扩大知名度。

（四）淡季策略

淡旺季是所有民宿都会面临的问题，于是怎样提升淡季的流量成为大家共同关注的热点。基本策略有以下几点。

1. 设定"整修期"，自我完善，升级品质。

旺季，民宿就像一台高速运转的机器，或多或少会出现许多问题，如难以去除的污垢、灯光太暗、抽水马桶漏水、门锁不灵、家具碰伤掉漆、床嘎吱响等，如不及时修整问题可能会越来越严重，影响民宿产品品质及客人的入住体验，民宿可以利用淡季好好休整。在此期间，民宿主人或服务人员要认真阅读客户的评论，梳理住客集中反应且比较中肯的建议，如早餐味道不怎么好、洗脸毛巾质地有待改进等，调整自己的经营策略，进一步提高客人的体验满意度；根据客人反馈意见，结合实际情况，对各个区域进行修整、更换、补充、清洁消毒等，维护民宿设施设备的完整性，延长其使用寿命，将损耗降至最低，以最佳的状态接待下一批客人；重新拍照、编写小文章等，完善更新平台信息，让客人听到有内涵的故事、看到有诚意而认真的民宿房东，提升关注度，争取好评不断；加强内部培训，提高整体服务素质和能力，促进民宿产品转型升级，为下一轮挑战养精蓄锐。

2. 客观调整房价。

为什么是客观调价呢？一是某些民宿并没有明显淡旺季之别，流量不降或降幅极小，那么无需调价；二是部分高品质精品民宿一般不轻易调价，以免影响自己的市场形象，于是通过"服务赠送"，如提供免费下午茶时光、温泉体验券等方式吸引流量；三是有明显淡旺季的民宿，就要设置一个合理的淡季房价了。

就算是淡季价，也不能像过山车一样直线下滑，要设置一个相对合理的限度，如参考周边同档次竞争对手价格，或民宿联盟协商确定的价格；同一天内也应有一定幅度的价差，如下午18：00～20：00，采用事前确定好的淡季价；如20：00～22：30房间还未售完，可再降一点；如22：30以后房间还没售完，则可再下调一点。因为我们看中的是后续消费、流量及流量后面的潜在能力，一般下调幅度在10%～15%左右，各家民宿不完全一致。

3. 活动与宣传。

旺季忙得人仰马翻，何不利用淡季好好宣传一下自己？民宿主人可以请一些"网红""大V""试睡员"发帖子宣传自己；也可以申请注册民宿公众号，耐心讲一个好听的故事，打动并招揽客人；还可以试试微电影，充分运用好渠道营销自己。

积极开展营销活动也是提高流量的有效途径。比如"抢购"活动，如"原价680现在499抢购"；比如"预售"活动，"预付3880可享受原价5880的三个套房两个标间"；比如"免费入住"活动，"转发朋友圈并获得99个赞即可提前预约免费入住"；房价细分，将房间细化为常租房价、家庭房价、团队房价、免费房等类型；还可以积极参加平台组织的各种活动……究竟使用哪一种方式宣传，就根据自己情况来定了。

◎ 任务实训

小王的民宿开在虹口山上，虹口冬冷夏凉，是典型的避暑胜地。但这里季节性很强，冬天人特别少，请你帮他设计一个提高淡季流量的方案。

活动一：请拟定流量提升方案。

活动二：请阐述你的方案及设计原因。阐述结束后进行评分（表3—12）。

表 3-12　实训评价

实训项目	项目要求	分值	得分
内容	方案内容详细完整	2	
	想法客观、新颖、符合逻辑	2	
	方案具有可行性	2	
语言表达	普通话标准、流畅	1	
	声情并茂，有感染力	1	
职业素养	举止有礼、仪表得体、符合行规	1	
	自信微笑，有亲和力	1	
总分		10	

◎ 课后拓展

1. 借助网络工具，深入探究：淡季提升流量的方法有哪些？

2. 打开一家民宿网站，列出网站中民宿的信息，并模仿此网站内容为小王设计一个网站平台资料目录。

3. 提高流量的基础是什么？应从哪些方面去塑造？

◎ 知识链接

一、民宿服务时间法则

淘宝客服响应的黄金时间通常是 30 秒内。虽然民宿房东或管家一般 24 小时有人在线值班，但房东或管家事情比较多和杂，做不到 30 秒内回复，但一定要遵守 3 分钟法则：回复、入住手续、离店手续办理都不应超过 3 分钟。及时回复、及时确认是平台评估非常重要的指标，如未及时确认订单被视为拒单，排名可能会掉下去，所以及时管理好房态至关重要。

二、民宿起名的一般模式

民宿起名通常是地名（市县）＋具体区域（镇村社区街道等）＋核心（民宿自己特有的名字）＋后缀（居、舍、筑、苑、园、楼、阁、庭、院、堂、坊、馆、墅、宫等）＋形容词＋特征（精品、观山、望海、临水等）＋类型（酒店、客栈、民宿、旅馆、青年旅社），不必包含所有信息，选择自己民宿想要突出的特点取名即可。

三、主页详情页的转化率

所谓主页详情页转化率就是指订单量占民宿网络详情浏览量的百分比（转化订单量/房源详情浏览量＊100%）。为提高转化率，刚上线的民宿建议将房间设置一个"试营房价"（价格稍低）吸引客人，并准备一些到店小礼物获取客人好评，以此来提高自己的转化率。当然转化率与平台上图片、文字描述、价格、退订政策等因素密切相关，但最终由品质决定。

四、民宿第一印象

客人对民宿的第一印象至关重要，直接影响着客人对民宿的评价。所以民宿要把握好几个关键的第一印象：网站第一印象，来自网站照片及住客评价；预订后的第一印象，来自客服的及时确认、沟通及温馨提示；入住后的第一印象，来自干净整洁的管家形象、庭院、接待厅及房间。

参考文献

陈梦瑶，张仲凤，2016. 竹家具的情感化设计研究［J］. 包装工程（14）：122—125.

陈希蓝，任新宇，2019. 论人性关怀与无意识设计［J］. 艺术科技（11）：172—173.

樊平，李琦，2015. 餐饮服务与管理［M］. 北京：高等教育出版社.

过聚荣，2018. 旅游民宿经营实务［M］. 北京：社会科学文献出版社.

和杉，罗钟宇，畅澜润，等，2019. 关于中国传统吉祥图案中吉祥寓意的研究［J］. 艺术科技（6）：35—36.

康士凯，常生龙，2000. 课题型课程的探索［M］. 北京：高等教育出版社.

李瑜，2015. 室内环境中情感化设计的表现与运用探究［J］. 陕西教育（高教）（3）：6—8.

廖军，吴鑫，2019. 民宿教育理论与实践［M］. 成都：电子科技大学出版社.

美化家庭编辑部，2018. 淘间老房开民宿［M］. 武汉：华中科技大学出版社.

闵玥诗，2018. 试论色彩设计在室内空间中的应用［J］. 建筑与文化（04）：86—87.

王玮，张书鸿，2013. 色彩在室内环境设计中的巧妙搭配方法研究［J］. 家具与室内装饰（04）：56—57.

王雨，2016. 色彩在室内空间应用研究［J］. 家具与室内装饰（12）：116—117.

严风林，赵立臣，2020. 民宿创办指南：从 0 到 1 开民宿［M］. 武汉：华中科技大学出版社.

曾颖，张仲凤，2018. 湘西土家织锦在民宿空间设计中的应用研究［J］. 家具与室内装饰（09）：94—95.

张雨桐，金冬，2019. 酒店智能音箱的设计研究［J］. 戏剧之家（17）：132—132，134.

郑妮华，晏安然，张成刚，等，2015. 居室环境的色彩搭配研究［J］. 家具与室内装饰（12）：71—73.

朱晨霞，2014. 浙江永嘉县乡村旅游中民宿发展的对策研究［D］. 吉林大学.

朱欢，2016. 室内设计中的色彩运用研究［J］. 家具与室内装饰（12）：86—87.

宗蕊，戴甜甜，吴层，等，2018. 基于可持续理念的家具设计研究［J］. 戏剧之家（25）：126—127.

后　记

　　民宿是一种全新的、小型的住宿设施，诠释着个性、自由与随性的生活气息，兼具时尚、文艺、智慧、便捷之特点，于恬静中透出亲切，既符合时代消费理念又别具情调。

　　该书以"民宿服务与创业"为主题，呈现了"民宿概述、民宿管家服务、民宿创业"为中心的三线研究。编写团队参观、走访、调研了大量民宿，就当下的民宿设计理念、服务运营等方面的问题与民宿主人进行了深度的交流、研讨和碰撞；采用大量民宿创意、设计、布局图片，开发制作二维码数字化资源，编写形成了既能满足学生提升创业能力的需要，又能阐述详细的民宿服务标准和服务流程说明的课程体系。通过该书，读者可以看到各式民宿独特的主题和特色，它们没有统一的装修风格，没有千篇一律的标准间，却有统一的服务体系。这些民宿涵盖的主题或是浪漫情怀，或是乡土风情，抑或是怀旧……每一类人都能找到适合自己的入住喜好，每一种心情也能找到合适的归属。本书为教学和创业提供了系统的思维引导和理论知识；同时还结合时代发展需求映射出民宿发展的方向，供创业者借鉴、提炼、加工、创新，形成自己的风格，在"双创"（"大众创业、万众创新"）的时代背景下实现自身价值。

　　对当代高星级饭店运营与管理专业的中职学生而言，历练是第一要务，必须在实践工作中脚踏实地、认真学习、不断提高自身的专业能力，积累民宿运营管理、创新创业经验，适时关注民宿行业市场动态，当条件成熟时，通过合作、引资、众筹等运作模式稳步推进自主创业。当然，在这大浪淘沙的民宿市场中，机遇与挑战并存，创业者更应契合自身实际，对当地民宿市场充分评估，既要稳步规划和打造，又要标新立异凸显地域文化特点。

　　创业并非一帆风顺，应正视困难！

　　路是成长，是历练，是希望，是风雨后的彩虹！

　　祝愿同学们通过自己的努力实现自己的创业梦！